スタンフォード式
最高のリーダーシップ

The Way of
Ultimate Leadership

スタンフォード大学 Psychologist / Heartfulness Lab Founder
スティーヴン・マーフィ重松
Stephen Murphy-Shigematsu

サンマーク出版

プロローグ

リーダーシップの原則「We are the Leaders」

“We are the Leaders”

これは、スタンフォード大学の授業で私が必ず口にする言葉だ。本書でも、この言葉をまずお伝えしたい。

「私たちはみな、リーダーである」と。

この「We are the Leaders」という考え方こそ、リーダーシップの基盤であり、原理原則だと私は信じている。

また、何千人もの人々が、この言葉によって変わったのを、私はスタンフォード大学で目の当たりにしてきた。

あなたもこの言葉をきっかけとして、変化してほしい。必ずや、仕事はもちろんのこと、コミュニティや家庭でも真のリーダーシップを発揮できると私は信じている。

私がスタンフォード大学の心理学者として教鞭を執り始めて17年になる。

日本に生まれ、アメリカで育った私は、ハーバード大学大学院で臨床心理学を学び、博士号を取得した。教育を受けたのもキャリアのスタートもアメリカだが、1994年から12年間、東京大学大学院の教育学研究科で教鞭を執っていた時期もある。

2002年には再びアメリカに戻り、スタンフォード大学でも教え始めた。


現在私は、他者とのつながりと自己実現について主に研究する「スタンフォード大学ハートフルネス・ラボ」のファウンダー（創設者）として、3つの活動を行っている。

1つ目は、**スタンフォード大学での授業**。「マインドフルネス」や「EQ（心の知能指数）」などを通じて、グローバルスキルや多様性の尊重、リーダーシップを磨くすべを、学生たちに教えている。

2つ目は、**リーダーシップ・トレーニング**。高校生、大学生、社会人を対象に、企業や政府機関、大学、医療施設などで講演やワークショップを行っている。

3つ目は、**心理学者としての研究と執筆**。アメリカ、日本をはじめとする東アジア、そしてヨーロッパの知見を取り入れ、『Understanding self, Understanding others』などの学術論文を医学誌に発表している。研究の成果を広く一般の人にも知ってもらうため、アメリカと日本で書籍も出版している。

心理学は社会科学の一つであり、人間の心と行動の結びつきを知るための学問だ。つまり、心理学者は「心についての知識」を得ただけでは意味がない。**「心についての知識＋心を持つ人間がどう行動するか」**

この二つを知っておかなければならないのだ。

そこで実践から得た知見はすぐに授業に取り入れ、学生たちからフィードバックを得、さらに研究を深めて理論と実践法をバージョンアップするスタイルで、私は日々、心理学者として研究開発を行っている。

Stanford Way of Leadership
――スタンフォードの「リーダー心理学」

10年にわたり、私はスタンフォードでリーダーシップ・プログラムを開発してきた。

たとえば２０１３年に創設した〝Transforming Self and Systems〟という授業は、「これからの世界をリードするtransformative leaders（変革をもたらすリーダー）を育てる」という内容のリーダーシップ・クラスだ。

本書では、こういったスタンフォードでの実践と最新の理論を凝縮した**「スタンフォー**

ド式 最高のリーダーシップ」について紹介していこう。

今まさにビジネスの現場で役立つものを提供できれば、リーダーシップ・プログラムの設計者、そしてスタンフォードで心理学に携わる者としてこのうえない喜びだ。

「アイビーリーグ」にも共通するリーダー論

ITイノベーションの聖地といわれるシリコンバレー。そこに位置するスタンフォードは、緑と静けさの中に新しいものを取り入れる気風が漂っており、深い思索と新たな学びにふさわしい環境だ。

9月になるとやってくる新入生たち。2年生、3年生になってから新たに授業を取るようになった学生たち。彼らは最初、「私たちはみな、リーダーである」という私の言葉に驚く。

もしかすると、本書を読んで間もないあなたもそうかもしれない。しかし、心配には及ばない。スタンフォードの学生たちは、すぐに受け止めてくれる。

スタンフォードのみならず、プリンストン、ハーバード、MIT、シカゴ、イェールなど、アメリカの一流といわれる大学に通う者は、「自分たちにはリーダーになる能力がある」と自負しているし、誰かにそう言われれば素直に信じる。

こう聞くと、読者の中には、反発を覚える人がいるかもしれない。

「リーダーになれると自負している？　自信過剰なだけでは？」

「上から目線で、いかにもアメリカのエリート大学生が言いそうなことだ」

しかしこれは、アメリカの一流大学の特殊事情ではない。

アメリカ人だろうと日本人だろうと、エリート大学生であろうとビジネスパーソンであろうと関係ない。

私たち一人ひとりにリーダーになる能力があるし、そうなるべきなのだ。

違いは、それを自覚しているかしていないか、あるいは能力があると信じるか信じないか、それに尽きる。

本書では、スタンフォードの学生たちが受け入れたように、**心理学的な根拠のあるリーダーシップ論**を展開していく。

一人ひとりが自分の中に埋もれたままにしているリーダーシップを発揮し、自分の成果を出す、あるいはリーダーとしての役目を果たすといった、実際の仕事に役立てていただきたいと願っている。

人を動かす原理――スタンフォードで「必須」とされる授業

私の授業には、様々な専攻分野を持つ学生がやってくる。

スタンフォードでは、文系の学生が理系の授業を受けることも、その逆も珍しくはない。4年間は学部にとらわれずに興味がある授業を選択でき、「法学」「医学」などの専門は、大学院に進んでから学ぶ。

それは学部で教える教員にとって、**「あらゆる学生に必要だと認められなければ、授業ができない」**というハードルにもなる。学部レベルで新しい授業を行うことについては、かなり保守的なのだ。

ましてスタンフォードは、コンピュータをはじめとするテクノロジーに強い「理系の大学」。そのうえで大学側が私の授業を長きにわたって採用してくれるのは、**「心理学を基盤とするリーダーシップが、次代のリーダーとなる学生たちに等しく必要だから」という判断にほかならない**。

心理学、そしてリーダーシップは、未来の担い手に不可欠だと見なされているのだ。

「リーダーは人を動かさねばならず、人はシステムやロジックではなく、心で動く」

人を動かすために必要なのは、人間の心理への洞察だ。だからこそ、心理学というフィルターを通じてリーダーシップを考察する意義がある。

本書を読み進めるにあたって、まずリーダーシップにおけるこの原理原則をおさえてほしい。

「リーダー＋フォロワー」の構造が崩壊する

私たちは、リーダーとは「役職が上の人」「チームのまとめ役」など限られた人で、残りはフォロワーだと思いがちだ。だが、誰もがリーダーシップを備えている――この考え方を教えてくれたのは、１００歳で亡くなったアメリカの社会活動家で作家のグレース・リー・ボグスだ。

２０１３年の春、97歳のボグスはスタンフォードで講演をした。高齢にもかかわらずエネルギッシュな様子に、私はすっかり魅了されてしまった。

彼女はちょうど『The Next American Revolution』という、これからのアメリカで必要な変革についての本を執筆したところで、こんな話をした。


「『リーダー』という言葉は『フォロワー』という言葉とセットになっていますが、私は違うと思います。**これからの時代に必要なのは、新しいリーダーシップです**。私たちは、『この人についていきたい』という偉大なリーダーを探すのではなく、**自分自身の中にリ**

ーダーを見つけなければいけないのです」

彼女の話をきっかけに、私はリーダーとリーダーシップについて改めて考えてみた。

——自分が自分自身のリーダーになるとは、「自分の意思」で行動するということにほかならない。これは、私たちすべてがリーダーになるということではないか。

——複雑になる一方の世の中、情報の海を泳いでいくには、「どこに進むべきか」を自分で決め、それについて自分で責任を取らねばならないのではないか。

——自分自身のためだけでなく、一緒に生きていく家族、コミュニティ、同僚のために最良の行動を取る責任があり、それこそ「誰もがみな、リーダー」ということではないか。

——一人ひとりがリーダーシップを磨くこと。それこそ、個人の充実につながるのではないか。

私は、彼女の講演に衝撃を受けた。

リーダーシップは「自分を変える手段」としても使える

現実として、私たちの組織にはヒエラルキーがある。たとえば会社には社長がいて、役員がいて、部長がいて課長がいる。医療現場では医師がリーダーで、看護師や医療技術者などはフォロワーとされる。

だが、それは**「事実」ではない**。

会社に深刻な危機が勃発したとき、リーダーの指示をぼんやり待っているフォロワーが大部分という状況で、立ち直ることができるだろうか？

常に緊迫した状況にある医療現場、医師の指示を待ってじっとしている看護師しかいない状態で、患者を救えるだろうか？

リーダーであれば、100％完璧な判断を、たった一人で行えるだろうか？

答えは考えるまでもなく、「ノー」だ。

私たち一人ひとりが「自分が今、何をすべきか」を決定せねばならず、全員がその決断をシェアして——すなわちリーダーシップを発揮して——最終的な判断を下し、最善の道へ一体となって進んでいく。これこそ、仕事の現場で最高のパフォーマンスを発揮するということだ。

リーダーシップを備えた人がお互いに影響を与え合う職場は、組織として強くなる。

また、**リーダーシップを発揮する働き方は、その人個人を成長させる**。ポジションや報酬など、具体的な成果ももたらしてくれるはずだ。

決められた「一つのルール」に従えばよかった時代は、過去のものだ。これからは、自分の能力を最大限に活用し、最高のパフォーマンスを引き出す方法を、一人ひとりが模索する時代がやってくる。

そう考えると、リーダーシップとは生き方であり、働き方だ。

"Leadership is a way of life."

私はそう考えている。

自分の能力を最大限に活用するために、まず、自分が自分のリーダーになろう。

たとえば、最高の動きを求めるアスリート、真理を追究する科学者、知識を求める心理学者、そして満足のいく成果を追うビジネスパーソンも、自分が自分のリーダーになることで最高の自分を引き出し、能力を最大化している。

そうやって「自分育ての達人」になれば、おのずと「人材育成」もできるようになっていく。

リーダーシップを身につけることで自分を成長させる。実際のリーダーとして、チームや組織で成果を出せるようになる——それが、本書でお伝えする「スタンフォード式 最高のリーダーシップ」だ。

そして、その探究の大きな支えとなるものこそ、「心理学」なのである。

ハーバードでの現場研究が「リーダーシップ×人間性心理学」へと導いた

心理学はリーダーシップの土台となるものだ。よって、これから述べるリーダーシップの提言は、**これまで私が研究してきた様々な心理学的エビデンスに支えられている。**

たとえば、**「人間性心理学（humanistic psychology）」**によるエビデンス。

ハーバード大学は、アメリカで初めて心理学部を創設した大学である。

私は1980年から1987年にかけてハーバード大学院で学び、教え、心理学の実践と研究にいそしんだ。当時のハーバードには、社会心理学、実験心理学、認知心理学など、様々な心理学研究のリーダーたる教授がずらりと揃っていた。

心理学を学べば、モチベーション、自己管理、社会意識、ソーシャル・マネジメントなど、人間の行動メカニズムを理解することができる。それゆえに「リーダーシップ研究には、心理学が最良の学問である」と、私は実感した。

特に私が学んだ臨床心理学は、「理論、調査、実験」に焦点を合わせる他の心理学分野と異なり、「実際の人間」がどのように目的と意義を見出すかを研究し、実際に検証する。

さらにハーバードの臨床心理プログラムは独特なものだった。ほかの大学と同じように精神疾患や心理療法についても学ぶが、組織や社会一般でのメンタルヘルスを高める方法も研究するのだ。たとえば病院や学校でのカウンセリング、一般企業および軍など組織のコンサルティングをしたうえで、学術的な研究と結びつける。

人間心理を実践・検証しながら学べる――私はその点に強く惹かれた。

だからこそ、私はハーバードでの研究を通して、「リーダーシップにおいて重要なのは人間性心理学だ」と実感したのだと思う。実践によってより深く「心のメカニズム」について学べる人間性心理学には、〝主体性〟や〝目標達成〟といったリーダーシップに欠かせないテーマもふんだんに含まれている。

実際に今、**リーダーシップを考えるうえで、心理学の役割が大きくなっている**。

私はスタンフォードで教鞭を執っているが、日本の大学院にあたるビジネススクールで教えられているリーダーシップ論も、「ビジネスに直結するもの」というより「心理学的に掘り下げたもの」が増えてきていると感じている。

これは、心理学という学問が、「人の心の動き」という、**リーダーが日々相対しなければならない「現実的な事象」**を扱っているからにほかならないだろう。

「臨床心理学」で〝現実的な解〟がわかる――個人研究の強み

物理学、化学、生物学などの自然科学は、一般に「全体」をとらえる学問だ。

たとえば生物学は、一人の患者の病気を研究するのではなく「ヒトという種の血管の仕組み」を研究する。物理学は量子や原子の動きを研究し、「この人の体の中の原子の動き」というものの見方はしない。

経済学、政治学のような社会科学にしてもそれは同じで、大規模調査が主だ。「経済危機によって国民Aはどう変わるのか」という具合に、個人にはフォーカスしない。

心理学も「人の心一般」について研究をするが、臨床心理学は「一人のクライアントの心」について詳細に分析する。個人の心に焦点を合わせることで「人間の心の働き」という全体像を解き明かそうという姿勢は、フロイトの時代から変わらない。

その意味で臨床心理学は、**「個人の心を研究する唯一の学問」**ともいえる。

これだけ趣味や思考が多様化した時代、個人の心から得られるものは非常に多い。全体よりも一人ひとりにフォーカスすることで、人々の欲求や社会のニーズがよりくっきりと見えてくるためだ。

言い換えれば、臨床心理学は**現実世界の〝リアルな実態〟にアプローチできる研究領域**といえる。

人間がどう変わるか。人間をどういうふうに変えられるか。

このような臨床心理学の研究は、あらゆる研究分野のヒントになりうるし、「ビジネスの現場でどのようにリーダーシップを発揮すべきか」といった実践にも、当然役に立つ。

「脳科学×心理学」で〝新たな現実〟も明らかに

一般に「科学」とは、自然科学と社会科学に大別される。自然科学はいわゆる「理系」で、社会科学は「文系」だ。その点でいうと心理学は、もともと理系・文系の垣根を越えた学問であり、科学的知識を取り入れて発展してきた。

「心は目に見えない」とされた時代は長く続いていた。

ところが近年はテクノロジーの発達によって、様々な脳のデータが取れるようになっている。特にアメリカでは脳の可塑性についての研究が盛んであり、**「脳は人がどう考えるかによって物理的に変化する」**とされ、そこから生まれたのが「心理学と脳科学を組み合わせた研究」だ。これは心理学の中でも最新のトレンドといっていい。

スタンフォードも「理系の大学」ゆえに、心理学と脳科学を組み合わせた研究が進められており、本書で紹介するリーダーシップにも、脳科学の知見が組み込まれている。

スタンフォードの創立は1891年。「伝統ある名門」というイメージを抱くかもしれないが、アメリカにおいては新参者だ。文学、哲学、歴史といった昔からある人文系の学問において、ハーバードやイェールの蓄積は圧倒的で、後発であるスタンフォードはどちらかというと、医学など理系に強い大学となった。

最近ではシリコンバレーに隣接している土地柄もあって、エンジニアリング、コンピュータ・サイエンスなどの授業が人気を集めている。

大学としては人文系にも力を入れているが、やはり「理系の大学」であり、「ビジネス寄りの大学」だ。それゆえに脳科学のようなエビデンスが膨大に蓄積されており、スタンフォードに身を置く者として、私は自分のプログラムに「サイエンスとテクノロジーの研究」を取り入れ、活用している。

そのほか、本書のリーダーシップ論には「ポジティブ心理学」や「ナラティブ心理学」といった知見も組み込んでいるし、日本の禅や他文化からの影響も大きい。

また、脳レベルで自分を変える科学的効果が示され、シリコンバレーでも定番となっている「マインドフルネス」の要素も取り入れた。私が積極的に取り組んでいる研究だ。

伝統的な知恵と、こうした科学的な裏付けをブレンドした**「最先端のリーダーシップ」**をお伝えするのが、本書の役割である。

リーダーとリーダーシップの関係図

本書は0章からスタートする。

これは、具体的なリーダーシップ論に進む前に、リーダーが対峙する**「集団心理が働く現場」**や、**「感情に左右される」というチームの特性**を知ってほしく、リーダーが置かれる残酷ともいえる現実を、先入観なく頭に入れてほしいという思いから「0章」とした。

次の1章では、目指すべきリーダー像として、**「Assertive Leader」(アサーティブ・リーダー)**を取り上げる。「assertive」とは「積極的」という意味。これが目標とすべき「最高のリーダー」なのだが、なぜアサーティブ・リーダーを目指すべきなのか、そしてどう積極的であるべきか、心理学的な分析や事例とともにお話ししよう。

続く2~5章では、「アサーティブ・リーダー」になるために必要な**4つのリーダーシップ**をお伝えする。取り上げる4つのリーダーシップを身につけることで、自分を変えることができるし、リーダーとしての求心力も磨ける。すなわち、最高のリーダーになるための「道具」が記されているチャプターだ。

いずれのリーダーシップも、私がスタンフォードで学生たちに教えているものになる。ぜひ、スタンフォードのリーダーシップ授業を体感しながら、自分を変えるプログラムを実行していただきたいと思う。

図1　「最高のリーダー」になる手順

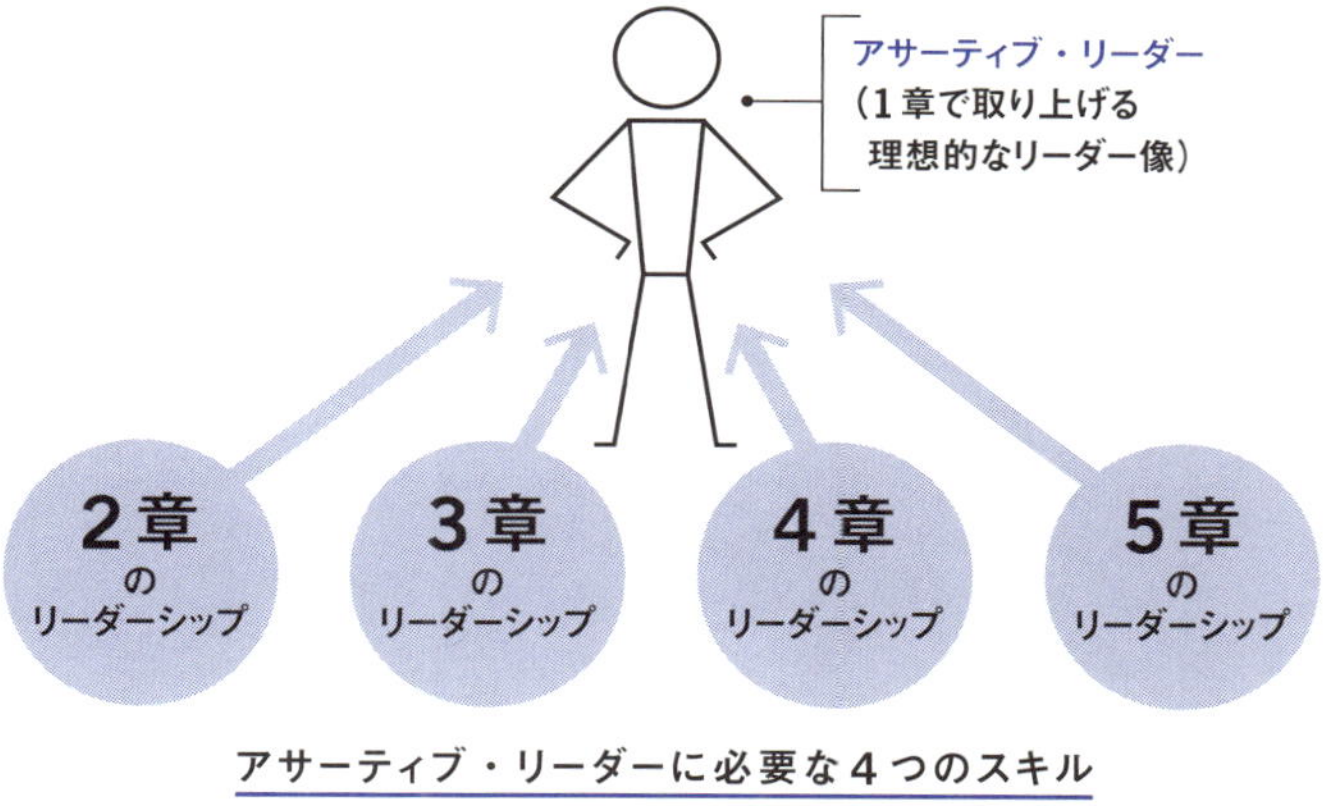

「アインシュタイン」に従う

リーダーシップ・プログラムの一環として、私はしばしば「CBT」という理論を用いている。

- C：cognitive＝考え
- B：behavior＝行動
- T：therapy＝セラピー

考え方と行動の両方を変えることで、自分を成長させていく取り組みだ。

考えているだけで、変化したり成長したりすることは難しい。また、考え方というのは考えているだけでは変わらない。

そこで**考えると同時に行動することで、考え方も行動も変わっていく好循環が起きるというメソッド**だ。

おさえておくべき心理学的な知識や根拠は必要であり、本書ではそれもしっかりとお伝えする。

だが、いかに知識を蓄え、「私たちはみな、リーダーだ」と考えても、それだけでは何も変わらない。考えるとともに行動を起こすことで、初めて自分自身とチームに変容がもたらされるのだ。

また、本書の知識は欧米からきたものだけではない。たとえばＣＢＴ理論そのものは１９６０年代にアーロン・ベックが提唱したものだが、非常によく似た概念である行動療法は、ベックより50年も早く、日本の森田正馬が生み出したものだ。「森田療法」として定着しているので、ご存知の読者もいるかと思う。

つまり、多くの文化や学問と同様、心理学も西洋と東洋の融合で発達してきたもので、私はそこに最新の脳科学を組み合わせ、「ＣＢＴ理論」としている。本書でもそれにならい、欧米と日本、そして最新の知見を紹介していく。

物理学者アルベルト・アインシュタインはこう述べている。

“Learning is experience. Everything else is just information.”

学びとは経験であり、ほかのすべては単なる情報に過ぎない。

これにならって、ぜひあなたもリーダーという経験をしてほしい。
その意味で本書は、知の書であり、実践書でもある。

スティーヴン・マーフィ重松

『スタンフォード式 最高のリーダーシップ』目次

プロローグ リーダーシップの原則「We are the Leaders」

0章 残酷な集団
——なぜ組織に「境界線」があるのか？　リーダーを取り巻く現実

3章 Servant Leadership
──本物の「信頼」をたぐり寄せる

4章 Transformative Leadership
——チームに「変容」をもたらす

5章 Cross-Border Leadership
——持続的な「最良の関係」を確立する

装丁　井上新八
本文デザイン　藤塚尚子（e to kumi）
本文ＤＴＰ　山中央
編集協力　青木由美子
マーフィ重松ちな
株式会社鷗来堂
株式会社リベル
編集　梅田直希（サンマーク出版）

0
章

残酷な集団

——なぜ組織に「境界線」があるのか？
リーダーを取り巻く現実

嫌悪され、避けられる「トップ」

「ファーストエア６５６０」と聞けば、たいていのカナダ人はピンとくる。

２０１１年８月20日に起きた航空機墜落事故だ。乗客・乗員15名の小さなチャーター便ファーストエア６５６０は、カナダのイエローナイフをお昼前に出発。レゾルート湾空港に着陸する予定だったが、空港まであと2キロ足らずというところで山に激突して墜落した。生存者３名は重傷を負い、12名は死亡。

コックピットのボイスレコーダーに残された機長と乗組員の会話から、自動操縦装置が故障したことが事故原因だとわかった。

手動操縦の場合はコックピットに搭載された方位磁石に頼ることになるが、レゾルート湾は北極に近いため、方位磁石が狂いやすい。さらにその日は霧と雨がひどかった。よって航路は少しずつずれていき、副操縦士は何度も繰り返し指摘している。

違っている、おかしい、このまま着陸するのは危険だ、と。

だが、**経験豊富を自負している機長は、副操縦士の声に耳を貸さなかった。**

こんなことくらい今まで何度もあった、それでも俺はいつもうまく降りてきた、大丈夫だ——そんな会話が交わされたのだろう。

そこには、機長のプライドがあったのかもしれない。小さなチャーター便だろうと、300の座席を有する長距離用の旅客機だろうと、機長は飛行機内でのヒエラルキーのトップ、リーダーだ。

リーダーたるもの、決断の責任があるし、トップとして一番判断力にも優れていなければならない……。

そんな思いから機長は、「こいつにわかるはずがない」と副操縦士の言葉を却下した可能性もある。

だが、彼の判断は間違っていた。

彼が間違っていたのは判断ばかりではない。**リーダーとしても、間違っていたのだ。**

＊＊＊

このエピソードはフランス国立宇宙航空学校のイヴ・ファーブルの研究によってさらに知られるようになったが、ファーブルはもう一つの航空機事故についても指摘している。

1999年12月22日。ロンドン・ミラノ間を飛ぶ予定だった大韓航空貨物8509便は、イギリスを離れる前に墜落。乗員4名は全員亡くなった。

事故原因はやはり機器故障だったが、それに対応するはずの機長の操縦が不適切だった。誰もがそれに気づき、警報ブザーまで鳴っていたにもかかわらず、副操縦士たちは**「機長が怖くて、間違いを指摘できなかった」**ことが、後々判明する。

その機長は空軍出身の「強すぎるリーダー」で、その日は特に機嫌が悪く、些細なことで乗務員たちを怒鳴りつけていたという。

なぜ部下は、あなたに近づこうとしないのか

あなたはリーダーの一人として、こうしたエピソードを見聞きしても「他人事だ」と思うかもしれない。

「うちのチームに限ってありえない。私は『聞く耳』を持つ上司だ」

「我が社はなんでもはっきり意見を言い合える、風通しの良さが自慢だ」

そんなふうに安心しているかもしれない。

だが、あなたの部下にこのエピソードを紹介すれば、別の感想が返ってくる可能性は大いにある。

「よくある話だ。副操縦士たちの気持ちはよくわかる」

「うちのリーダーも話をまったく聞いてくれない」

チーム内には、不満や憤りが渦巻いているかもしれない。それだけでも深刻な事態だが、

もっと恐ろしいのは、**部下たちは決して、あなたに対する不満や本音を教えてくれないこと。**部下は、上司が思うほどお人好しではないのだ。

自分が正しいと思い込み、あれこれ細かく指示をする独りよがりなリーダー。間違っているのに、なぜか自信に満ちあふれている強情なリーダー。

部下たちは、あなたの指示に対して、表面的には従うかもしれない。それが組織のヒエラルキーだからだ。だが、**彼らの心の中で、あなたはリーダーとして認められていない。**

「言っても無駄だし、疲れるだけだから、とりあえず言うことを聞いておこう」
「この上司の指摘どおりに企画書を直したら、逆に悪くなる……。でも、そんなことを言ってもどうせ納得しないし、面倒だから、言われたとおりに黙って直そう」

部下たちはあきらめの気持ちで、あなたが命じた業務を淡々とこなす。
こんな部下であれば、極力あなたに近づかなくてすむように、報告なども必要最小限にするだろう。「強いリーダー」のあなたに怒られるのが怖くて、ミスを隠すということもあり得る。

その積み重ねで事故が起きたり、取引先を激怒させたり、未然に防げたはずのトラブルが大問題に発展したりする。

運良く問題が起きなかったとしても、強すぎるリーダーの下で働く部下は、静かに境界線を引く。「この人に何を言っても無駄だ」「できることなら関わりたくない」と、あきらめるのだ――**人事異動を夢見たり、転職を計画したり、あなたが失敗して去っていくのを、ひそかに期待しながら。**

このようなチームが、成果を出せるだろうか？

このようなチームを率いるあなたが、リーダーとして評価されるだろうか？

何よりも、あなた自身、このようなリーダーになりたいだろうか？

答えはもう、おわかりだろう。

ハーバードが指摘した「失敗するリーダーのタイプ」

リーダーと聞いて、あなたは誰を思い浮かべるだろう。

織田信長や徳川家康のような戦国武将をイメージするだろうか？

それともリッチ＆フェイマスな経営者、あるいは起業家を挙げるだろうか？

「カリスマ性があり、決断力がある者こそ、リーダーにふさわしい」

こうした考えが長らく定着していたのは、アメリカも日本も同じだ。

だが、**「強すぎるリーダー」であるがゆえに自分もチームも不幸にしてしまうケースは少なくない**。事故機の機長のように命を落とすとまでいかなくても、ビジネスの現場において同じパターンの失敗はたくさんある。部下だけでなく、リーダー自身の首を絞める点は、そっくり同じだ。

人を率いる以上、リーダーは強くなくてはいけないが、**「強すぎては」いけない**。

そもそも、**「本当の強さとは何か」**を理解しておかなければならないのだ。

この状況に40年も前から警鐘を鳴らしているのが、元ハーバード大学のリチャード・カッツ博士だ。彼は私にとって尊敬する師であり、共著で書籍を出版している研究パートナーでもある。

たとえば医療現場は、飛行機の中と同じようにヒエラルキーが存在する。トップに君臨するのは医師だ。専門性が必要な仕事だから、最終判断を下す医師が責任を負うのは正しく、その意味で医師はリーダーといっていい。

だが、正しい判断には様々な「材料」が必要だ。

患者に最も多く、最も細かく接している看護師。何千例、何万例という検査結果を見てきた臨床検査技師などの医療技術者。彼らが持っている情報や経験は、医師の判断にとって有益な材料に違いない。

とっさの判断が必要となる手術も、成功するには執刀医だけでなく、データを見たり補助をしたりする医療スタッフの協力が不可欠だ。

だが、医師が「強すぎるリーダー」だと、看護師や医療技術者は自分が持っている材料を見せない。「失礼にあたる」「『余計なことを言うな』と叱責される」と萎縮したり、「どうせ聞いてくれない」とあきらめたりして、意見をぐっと呑み込んでしまうのだ。

そこで不幸な医療ミスが多発する——リーダーがリーダーでなく、チームがチームでなかったために。

この状況についてカッツ博士は、**「弱さ（ヴァルナビリティ、vulnerability）」**が必要だと指摘した。

カッツ博士と私は、〝The Experience of Vulnerability〟という共同研究を発表しており、私はその研究の実践ともいうべき「カルチャー・ナラティブ・メディスン」というコースをスタンフォードで教えていた。医師や医学生が一人の人間として、自分の弱さや失敗にどう向き合うかという演習だ。

弱さへの適切な対処法を学べば患者の気持ちがわかるようになり、臨床医としてのスキルが高まる。患者だけでなく、看護師などの医療スタッフの話にも耳を傾けられるようになる。

リーダーとは完璧な人間ではない。失敗も間違いもするし、弱点もある。**そのような自分の弱さを認められることこそ、本当の強さ**なのだ。

米医療界で見直される「リーダーの条件」

今、アメリカの医療現場では、「弱さ」が必要だという心理学上の概念がかなり浸透している。

医師の指示を仰ぐばかりではなく、**「誰もがミスを犯す可能性がある」**と互いの弱さを認めて、共有のチェックリストを作る。リストには当たり前のこともあるが、みんなでチェックすれば、医療ミスは未然に防げるし、協力もしやすくなる。

強権的な医師がトップとして君臨していたら言いにくいことも、弱さを見せる勇気を持った医師がリーダーなら口に出せる。**おのずと、率直に進言しやすい空気が醸成される。**

「ここではありのままを発言しても大丈夫だ」と安心できる「セーフスペース」を作れば、看護師が積極的に発言し、より良いアイデアが生まれたりするだろう。チームの雰囲気が良くなれば、病変の発見率や手術の成功率も上がるかもしれない。

医師個人のキャリアにとっても、医療ミスがないほうが良いに決まっている。

これは医師に限った話ではなく、働く多くの人に当てはまる。「目標達成の責任がある」あるいは「成果を上げたい」と願っているビジネスパーソンにも、「弱さを認め合う勇気」というカッツ博士の理論は、ぜひ覚えておいていただきたい。

本当に強いリーダーは、強すぎない。率直に自分の弱さを認めることができる。

あなたはどうだろう？　リーダーであろうと頑張るあまりに、「強すぎるリーダー」になってはいないだろうか。

あなたがリーダーとしてベテランで、「特に問題は感じない」という場合でも、いつのまにか強すぎるリーダーになっていないか、一考する価値はある。

「なんとなくチームメンバーに敬遠されている」

「ミーティングをしても、なかなか現場から意見が出てこない」

「そもそも部下と接触する時間が少ない」

「私の指示に対して、あまりに淡々と従う」

思い当たる節があるなら、弱さを時にさらけ出そう。失敗したら取り繕うのではなく、「間違えた！」と潔く認めよう。

業務で苦手な分野があれば、頭を下げて教えてもらえばいい。

「新しいこのシステム、よくわからないから教えてほしい」「英文メールはどうも苦手で」部下に頼んだり、時には助けてもらったり。リーダーといえども完璧ではないのだから、わからないことがあるのは恥でもなんでもない。


これは弱みを見せる行為だが、おもしろいことに部下たちは、「上司のくせに、こんなことも知らないのか」と馬鹿にしたりしない。**あなたの率直さ、潔さ、正直さが「人間として信頼できる」という実感を部下にもたらす**のだ。

また、「自分もわからないことがあれば言っていいんだ」という安心感を、部下に与えることもできるだろう。

組織を分断する「リーダーvs.メンバー」の境界線

「優秀」なあまり嫌われる

「リーダーシップを身につける＝強権的になる」ということではない。この点については理解している人も多いだろう。

だが、そんな人でも無意識のうちに陥りがちな罠がある。それは、**「リーダーシップを身につける＝優秀になる」**という思考だ。

誤解がないように補足すれば、優秀になるのは悪いことではないし、リーダーシップのみならず、個人の成長にも大切な要素だ。

だが、リーダーにありがちなのが、**優秀な自分を見せることに固執してしまう**ことだ。


身近な例として挙げられるのが、**「話し方・言葉の使い方」**。

リーダーに話術は大切だ。アメリカ大統領には何人もの優秀なスピーチライターがついており、巧みにエピソードやデータを織り交ぜ、ジョークまで指南する。

経営者も、話し方をプロに指導してもらっている人が少なくない。アメリカでは定着しているが、日本の経営者でもボイストレーニングなどを受ける人が増えてきたようだ。

また、今は業務連絡もウェブ上で行われ、リーダーも文章力が問われる機会が多い。

それなのに、部下を激励するときは「いつも頑張ってくれてありがとう」、部下を指導するときは「今後のために伝えておくが……」など、ワンパターンの表現ばかりしていないだろうか？

部下は**「はい」と答えながら、内心でリーダーを厳しく採点している**ことがある。人には、**「受け身の攻撃性」**という心理があり、敵意と否定を微笑みに包み込んで隠している。これは一見おとなしいようだが、紛れもなく言葉にならない攻撃だ。

このタイプの部下に同じようなメールを出しているリーダーは危険だ。「いつも同じ言い回し」「うちの上司は文章が下手」と、「受け身の攻撃」を受けかねない。

そうならないように、リーダーとして一目置かれるように、努力している人もいる。

だが、あまりにも〝一目置かれる表現〟にこだわりすぎると、**「優秀さのアピール」という間違った方向にいってしまう**。それだけは注意してほしい。

残念ながら大学という世界では、専門用語のオンパレードを見聞きすることが少なくない。専門家の集まりだけに、会話や講義ばかりか短いエッセイを書く際にも、論文や専門ジャーナルで使うような最新の用語をちりばめる人がいる。

それがわからない相手に向かって専門用語を使うとは、厳しい言い方をすれば幼い自己満足ではないだろうか。

「私はこんなに難しい言葉を知っている、賢いんだ」と。

「伝える」とは、コミュニケーションの基本である。リーダーシップを身につけた本当に優秀な人になりたいのなら、**「優秀さのアピール」で味わう、ちょっとした優越感は忘れたほうがいい**だろう。

専門用語を駆使して、「知的レベルの高い話」をしているつもりになっているなら、それはリーダーにとってデメリットでしかない。

なぜ上に立つ人ほど「察知」できないのか？

専門用語を駆使してしまうのは、優秀さのアピールのほかにもう一つ、背景がある。**「内向き志向」で凝り固まっている**というものだ。過度の「内向き志向」もリーダーの信頼度を下げる要因になり得る。

同じ会社に属しているという連帯感、つまり「同属意識」そのものは悪いものではない。だが、必要以上に社内の人間ばかりで固まっていると、ビジネスは停滞する。仕事とは本来、顧客や株主、社会という「外」に向かっていくべきものだ。

ところが「内向き志向」のビジネスパーソンは、社内での仕事や人間関係を優先させたりする。すると、社内でしか通じない専門用語を使っていても平気になりがちだ。

もちろん、どの会社、どの業界にも、そこでしか通じない用語がある。だが、それが高じるあまり、暗号でやりとりしているようになるケースもある。

ＩＴ企業は独特の用語を好んで使うし、学生たちも独特の略語を使う。グーグルのUrban Dictionaryでは最新の略語や流行り言葉が検索できるだろう。私の息子もテキストメッセージでやりとりしているとき、〝ＯＫ〟を略して〝Ｋ〟だけ送ってきたりする。

学生の場合、多くは他愛のない仲間意識だ。自分たちだけでわかる暗号を使って語るのが、なんとなく楽しい……秘密基地を作って遊ぶ子どもと発想は近い。

だが、ビジネスパーソン、とりわけリーダーが「自分たちだけで通じればいい」という発想で専門用語を使うのは、リーダーシップに反するやり方となる。


たとえば、会社の幹部が社員にはわからない自分たちだけの「符牒」を使って会話をする場合、そこには地位と強固に結びついた特権意識がある。

そういったケースでは、「みんなにわからなくてもいい。我々がわかっているから大丈夫」という考えを伴うことが多い。**情報を独占したり、大切なことや大きなミスを隠したり、重要なプロジェクトを独断的に進めたりする「間違った強いリーダー」になりかねない**のだ。

内向き志向で固まった上層部は、自分たちだけで難しい話をする。それと同じく、**内向き志向で固まった現場は、不満と鬱憤《うっぷん》を仲間だけに通じる言葉で語ったり、こっそりメッ**

セージをやりとりしたりする。

こうして組織の分断と機能不全が生まれる——伝え方一つで、そんな状況を引き起こしてしまうのだ。

問題は「そこ」ではない

難しい言葉や専門用語で優秀さをアピールしたり、内輪の用語で語り合ったり……これは確かに組織を分断する境界線となるが、だからといって**「わかりやすい言葉を使うリーダーがいい」という単純な話ではない**。

わかりやすさは大切だが、**実のところポイントは、「単純明快か否か」ではない**のだ。


たとえば、トランプ大統領のボキャブラリーがかなり少ないことはよく知られている。

極端にいうならこんな感じだ。

〝We had very, very good meeting.〟

〝It's going to be great, everyone will love it!〟

確かにシンプルで、これ以上ないほどわかりやすい。

だが、問題は内容がさっぱりわからない点だ。何がものすごく良いのか、どのような理由でそのミーティングが有意義だったのか、その際は何を話して何が決定し、何が懸案となったのかがいっさい伝わらない。

リーダーシップを発揮するには、**まず「内容」が大切だ。次にくるのが話し方**で、この順序を間違えてはならない。

難しい言葉を用いず、わかりやすく話しても、その奥にその人独自の知恵と知性が感じられる人。求心力あるリーダーとは、そのような人だと私は考えている。

この〝伝え方〟に関する「ナラティブ心理学」については、4章で詳細をお伝えする。

「プレイング・マネジャー」の失敗パターン

「自分の利益」を優先してしまう

日本でリーダーのポジションにいる人の多くは、プレイヤー兼リーダー、すなわち「プレイング・マネジャー」だという話をよく耳にする。

プレイング・マネジャーゆえに、リーダーとチームメンバーの距離は微妙に近い。だから日本のリーダーは、部下とどう付き合うかに悩み、必要以上に強く振る舞う人が出てくるのかもしれない。

さらにプレイング・マネジャーは、「リーダーとしての仕事」と「個人の成果」の両方をうまくやれと会社からプレッシャーをかけられるから、つい間違ったやり方をしてしまうことがある。

たとえばプレイング・マネジャーの中には、「自分を中心にチームを動かそう」と考える人も存在する。**「自分が成果を上げれば、それが組織のためにもなる」という発想に陥ってしまう**のである。

経済学に**「トリクルダウン理論」**というものがある。

「富裕層がもっと豊かになれば、富が浸透して貧困層まで広がり、全体が豊かになる」という考え方だ。具体的には企業や富裕層を優遇する経済政策によって雇用が生まれたり、経済的な波及効果が出てきたりするという理屈だが、実際はますます格差を広げるものだという批判もある。

経済学は私の専門外だが、英語の「trickle down」には「ポタポタしたたり落ちる」という意味もある。大金持ちがポタポタ垂らしたもので貧困層も潤うはずだというのだから、何やら傲慢の象徴のような言葉ではないか。

グローバル経済の中で、強すぎるリーダーは「ヒエラルキーの下で働く人たちには、最低限の分配をすればいい」という発想をする。犯罪にならない程度の最低賃金を保障すればそれで十分だと考え、下の人たちが儲けたり豊かになったりする方法までは考えない。

これが格差社会の構造だ。

人心が離れる「トリクルダウン上司」

これは巨大グローバル企業や国際社会など、「雲の上」の人々に限った話ではない。

強すぎるリーダーは、たとえ小さなチームであっても「トリクルダウン理論」を持ち込む危険をはらんでいる。

あなたの身近にもいないだろうか？

「私が数字を上げれば、チーム全体のメリットになる」と、自分の仕事を中心にすべてを推し進めようとするリーダー。

あるいは、部下はイヤイヤ付き合っている飲み会なのに、「リーダーである自分が楽しければ、みんなにもそれが伝わって楽しくなるだろう」という身勝手な発想の上司。

まず自分が成功し、それを「ちょっぴり」分配するのが公平だと思っている経営者。売上が好調だったり、株式の売却などで資産を増やしたりしても、社員に還元する報酬はごくわずか、自分の懐が真っ先に膨らむ、というケースだ。

たとえ何億ドル稼ごうと、法律的に間違ったことをしていないとしても、これでは真のリーダーとはいえない。むしろ、求心力あるリーダーから程遠い人たちだといっていい。**リーダーとは、自分のメリットだけを確保するのではなく、全体のメリットについて心配りができる人**だ。

人を動かすには、人の心をつかまなければならない。チームメンバーが豊かになったり、成長したりするために、自分も貢献する――そんな「心あるリーダー」でなければ、決して人心を引きつけることなどできないだろう。

心理学の解釈では、**リーダーに必要なのは共感する力**であり、自分勝手な思いを広げていく力ではない。**トリクルダウン理論など成立するはずもない**のである。

これに関して、カッツ博士と私は共著『Synergy, Healing and Empowerment:Insights from Cultural Diversity』の中で、「リーダーシップにおける相乗効果」について発表している。

リーダー個人の成果ではなく「チーム全体の成果」にリーダーが焦点を合わせることで、結果的に何倍もの成果が生み出されるという心理学の研究だ。そんなふうにして個人としてもチームとしてもパフォーマンスを上げるのは、本書で取り上げる理想のリーダー、「アサーティブ・リーダー」のあり方そのものだ。

1章からは、リーダーであるあなた個人の成果と、チーム全体の成果を両立させる方法を具体的に述べていくので、ぜひそこを目指してほしい。

だがその前に、今のあなたが抱えているであろうチームの問題点を、もう少し点検しておこう。ネガティブな話も多くなるが、どのような怪我を負っているか、傷を詳細に調べなければ、適切な治療をすることはできない。

リーダーに対する、時に残酷ともいえるチームの心模様を、心理学的に見ていこう。

チームとは「感情的な生き物」である

「どこに属すか」で気持ちが二転三転する

決して人付き合いが苦手ではないけれど、リーダーとしてチームを率いるのは難しい。

もしもあなたがそう思うなら、リーダーが向き合うのはメンバー「個人の心理」のみならず、「チームの心理」であるためだ。まずはこの点を考察してみよう。

――個人的にはあまり興味がなかったサッカーの試合に行ったら、みんながあまりに盛り上がっているので、いつの間にか熱く応援していた。

――自分個人であれば絶対にしないようなことでも、チームのみんながやっていたらつい、やってしまう。

あなたにもこんな経験はないだろうか。

これは**「集団心理」**あるいは**「群集心理」**という考え方で、フランスの社会心理学者ギュスターヴ・ル・ボン博士が19世紀末期に定義したものだ。

ル・ボンによると、**集団の中で個人は変わる**。つまり、**育ってきた環境や教育などによる「その人らしさ」が、集団の中ではぼやけてしまう**のだ。

そして、その人の個性が消えると、集団全体の「性格」のようなものが生まれる。

その要因としてル・ボンが挙げているのは、**「数」「伝染」「暗示されやすさ」**だ。

人の「数」が増えると、感情や考え方が「伝染」してみな、同じような気持ちになる。

さらに集団は、まるで催眠状態にあるように「暗示されやすい」。

チームの人たちが同じような感情になったり、考え方が似てきたりする背景には、この集団心理の働きがある。個性が消え、自分で判断しなくなっているから、暗示されやすく流されやすくなる、というわけだ。

合理性でなく「カルト性」で支持が決まる

さらにル・ボンは、どきりとする指摘もしている。

「集団は真理を追究するよりも、錯覚を求めている」と。

「正しさ」は二の次、三の次だというのだ。

数字が確実に取れる営業のコツでも、成功する生き方でも、物理学の法則でもいい。本来、「正解」を探求するという営みは、自分の頭で考えなければできないことだ。だが、集団にいて個人としての思考力が「省エネモード」どころか「スリープモード」になっていたら、それは難しい。しかし、社会生活を送るうえで人間は働かなければならず、行動のための指針が必要となる。そこで集団は、カリスマ的なリーダーを求める。

「こうすれば、絶対にうまくいく！」

シンプルなわかりやすい言葉で、「その通りにすればいいんだ」と錯覚させてくれるカリスマ、強いリーダーを。

――個人としては賢い人が、なぜか「カルト宗教の教祖」に従ってしまう。

――ごく常識的だった市民が、「危険な政治思想のリーダー」に熱狂する。

――思いやりある社員が、社長の命令で「賞味期限切れの食品」を出荷してしまう。


こうしたケースはどれも、集団心理が作用している。

また、心理学の研究では、**「集団心理は仕事の成果にも影響がある」**とされている。リーダーにとって、決して他人事ではないのだ。


集団心理にとらわれるとは、自分をなくすこと。一人ひとりが自立し、しっかりと自己を持つ〝We are the Leaders〟というスタンフォードのリーダーシップに反するものだ。そんなことにならないように、リーダーであるあなたがしっかりチームを導いてほしい。

同時に集団心理を、人間なら誰でも持っている「弱さ」として、認識しておく必要はある。認識したうえで、「手」を打たなければならない。


「集団の心理とは、人間最古の心理である」とフロイトは述べている。人類がまだ洞穴で暮らしていた頃から、集団心理は存在していたというのだ。

つまり、**集団心理と個人心理の両方を理解しておかなければ、人間の心は理解できない**。

そして、**人の心が理解できなければ人を動かすことはできず、真のリーダーシップは身**

につかないだろう。

リーダーの「立派な考え」は理解されない

個人の「その人らしさ」がぼやけ、チーム全体が生き物のように一つの「性格」を持つ。この集団心理を別の角度からとらえると、「集団のメンバーの中で、考えや感情が伝染する」となる。

考えや感情が伝染すると書くとまるでウイルスのようだが、空気や水に触れれば感染力をなくすＨＩＶウイルスと、空気中に飛んだ唾液でも感染するインフルエンザウイルスでは感染力に大きな違いがあるように、**考えと感情でも感染の強さが異なる。**

集団が考えを共有するために一番重要なのは〝言葉〟だ。だからこそ、リーダーにはわかりやすく伝えることが大切になる。しかしながら、**考えの伝染力は、比較的弱い。**

いっぽう、集団が感情を共有するために、言葉はいらない。表情、ボディランゲージ、声のトーンなど、言葉にならない非言語的な情報で感情は伝染していく。

言葉を用いる考えの伝染に時間がかかるのに対して、**感情の伝染は、まったく意識をしなくても、自然に、あっという間に広がってしまう**のだ。にこにこしながら「受け身の攻撃」をする部下がいたら、それも伝染するのだから恐ろしい。

人は、気持ちに感染しやすい。

「私は楽しくてたまらない」という誰かの発言を聞いて、あなたが「私は楽しくてたまらない」とオウムのように繰り返しても、あなたは楽しくならない。

だが、笑顔でいる人の表情を見た人は、別に楽しくなくても、**「ミラーニューロン」**という神経細胞から脳や筋肉、臓器といった体組織に、あなたが目撃した感情の情報が伝達される。その結果、笑顔でいる人と同じ感情になることが、科学的にも判明している。

ポジティブな感情であればチーム内に大いに伝染させるべきだが、注意したいのは、**チームの一人が抱いたリーダーへの不信感も、ほかの人に伝染していく**ことだ。

あなたにも心当たりはないだろうか？　誰かが示した「あの人はダメだ」という嫌悪感に、気づけば周囲が同調して「チームの声」になっていたことが。

こうして、リーダーを「敵」と見なす心理構造がひっそりと作り上げられる。

一人の意見が「全員の総意」にすり替わる

感情の伝染について、イェール大学のシーガル・G・バーセイド博士が面白い実験をしている。

ビジネススクールの学生94人に「今、どんな気分か?」というアンケートに答えてもらったうえで、29のグループに分ける。１グループにつき2～4人。そして、すべてのグループに実験に協力するサクラが交じっている。

グループが完成したら、次のような課題を与える。

みなさんはいろいろな部署のリーダーで、ボーナスを決める幹部会議に参加しています。会社全体のボーナス予算は決まっているので、目標は二つ。

①「自分の部下」がたくさんボーナスをもらえるようにすること

②幹部として予算を有効に使い、「会社全体のメリット」になるよう貢献すること

①と②を達成するための施策を、３分間でプレゼンしてください。

実験の際、最初にプレゼンをするのはサクラだ。「陽気でテンションが高い」「敵意むき出しでイライラしている」「穏やかで温かい」「気だるそうでテンションが低い」など、4種類の態度を強調したプレゼンを設定し、サクラにはどれかを演じてもらった。

ビデオ撮影と実験終了後のアンケートでわかったのは、「集団に感情が伝染している」

ということだった。**陽気でテンションが高いサクラが最初のプレゼンをすると、そのチーム全体のプレゼンも陽気でテンションが高いものになる。**トップバッターのサクラが敵意むき出しでイライラとプレゼンをすると、みなそれにつられて嫌な感じになったチームもあった。テンションが高くても低くても、同じように感情が伝わることもわかった。ポジティブな感情もネガティブな感情も、チーム内への感染力は同じだった。

ただし、ポジティブなサクラにつられたチームは協力的で、「システム部が2万ドルもボーナスをとったら、他部署のボーナスが少なくなる。ちょっと減らそうか」という具合に建設的な調整を行い、結果として各部署が似たようなボーナス額で落ち着いた。

部署間での小競り合いもなく、「システムが売れるのは、営業部とマーケティング部のおかげ」など、他者をポジティブに評価する現象も見られた。

「ポジティブ心理学」の研究では、**複雑な問題を解決したり、論理的に仮説を組み立てたりするといった「頭を使った認知的な能力」は、ポジティブな感情によって高まる**ことがわかっている。

それを踏まえると、意欲、明るさ、思いやりなど、ポジティブな感情が自然に伝染し、瞬時にポジティブなチームになるなら、願ってもないことだろう。**チームメンバーのリーダーへの心証もよくなる**はずだ。ぜひ3章で紹介する「ポジティブ心理学」の知見を積極的に利用してほしい。

同時に、「感情とは常にポジティブなものではない」というシビアな現実もしっかりと受け止めておこう。**たった一人の嫌な気分に、チームは簡単につられてしまうのだから。**

集団心理に呑まれやすい「日本チーム」

イェール大学の社会心理学者、アーヴィン・ジャニス博士は、集団心理が強くなる要素として次の3つを挙げている。

①グループのメンバーが「似たようなバックグラウンド」を持っている
②「外部の意見」を取り入れない
③意思決定のための「ルール」が定まっていない

3つの条件に当てはまった集団は、個人の意見をなくし、集団心理にとらわれてしまうという。ここから、**「日本人は集団心理に呑まれやすい」**という仮説が導ける。

なぜなら日本企業は、圧倒的多数が日本語を話す日本人だ。ほとんどの社員が大学を出ており、似たような選択肢の中から就職している。育った環境の差も小さいだろう。つまり、①の「似たようなバックグラウンド」を持っている。

また、最近はずいぶん変わってきたといわれるが、転職が盛んなアメリカとは対照的に日本人は会社に対する帰属意識が強い。「うち」あるいは「うちの会社」と、経営者でなくても口にする。

さらに日本企業は、積極的に「外部の意見を取り入れない」割合が高い。たとえば何かを決定する際、コンサルタントなど外部の意見を求めることは少ない。あったとしてもそれは〝試験的〟だったり、〝大きくて特別なプロジェクト限定〟だったりするだろう。

「意思決定のためのルール」が決まっていないことも多い。「なんとなく前例通り」「社長の鶴の一声で」といった具合だ。

こうしてみると、日本には集団心理に絡め取られやすい土壌がある。

しかし、だからといって、あきらめる必要はない。**だからこそ、日本のリーダーは、意識的に「集団心理にとらわれないチームづくりと運営」をしていくべき**なのだ。

これも、アサーティブ・リーダーのなすべきことと心得てほしい。

「現状維持の慣性」が働く現場

バイアスのせいで「今まで通り」がよく思える

「チームは感情的に動くというが、うちの会社はなかなか変わらない」

組織で働く人の中には、そう感じている人も多いかもしれないが、これにも心理学的な根拠がある。

行動経済学でしばしば使われる用語の一つ、**「現状維持バイアス（status quo bias）」**が働いているのだ。

「現状維持バイアス」とは、ボストン大学のウイリアム・サミュエルソン博士とハーバード大学のリチャード・ゼックハウザー博士の２人が１９８８年に提唱したもので、経済学・心理学の見地から人の意思決定について分析したものだ。

簡単にいうと、**「人は新しい選択肢を回避する傾向がある」**ということ。

たとえば、市長選が「現職市長vs.新しい候補者」なら、多くの人は**現職の市長**を選ぶ。人は「今まで通り」を維持することを好むのだ。

現状維持バイアスは二択でも働くが、面白いことに**選択肢が増えれば増えるほど、このバイアスは強くなる。**

ホットかアイスの二択だった会社のコーヒーメーカーが、新しい機械に変わったとする。「ホットとアイスのほかに、エスプレッソ、カフェラテ、ココアが選べます」となったとき、多くの人はそれまで自分が選んでいたもの――ホットかアイスを選ぶ。食品でも衣料品でも、定番商品が「強い」というのも、おそらくこれで説明がつくだろう。

選択肢が増えたことで失敗を恐れる心理が敏感に働き、いっそう現状維持バイアスが強くなるのである。

お達しが「一方通行」だから気に入らない

私自身、実際のビジネスの現場で、現状維持バイアスに直面したことがある。

2004年、アメリカ海兵隊から一本の電話があった。「日本駐在スタッフのために異文化理解のトレーニングをしてほしい」という依頼が来たのだ。私が日本とアメリカ、双方の文化を知っている心理学者だからだろう。

具体的には、**「軍人であるアメリカ人と、基地で一緒に働いている日本人スタッフの境界線をなくしてほしい」**という話だった。

マネジャーとして基地にやってくるアメリカ人は、様々なルールや仕事のやり方を変えようとする。彼らにとっては、それが軍から与えられたミッションだし、前任者のやり方は自分のやり方とはたいてい違う。

また、「軍事」という特性も拍車をかける。軍という国家安全保障の最前線に位置する組織では、装備や非常時の行動などあらゆる面で常にアップデートが求められる。新しく赴任した管理職が現場を変えようとするのも、論理的には正しく思える。

ところが、米軍基地とはいえ日本にある以上、現場で働く多くは日本人だ。日本人職員たちは、そうしたミッションもないうえに、「今のやり方」に長年なじんでいる。現状維持バイアスが働くから、マネジャーの改革に反発する。

まして米軍基地の場合、マネジャーの赴任期間は2、3年。すぐにまた別のマネジャーがやってくる。「いちいち変えられたくない」という思いもあるだろう。

双方の言い分は心理学者としてみれば納得がいくもので、組織運営の難しさを目の当たりにした。

いずれにせよ、**人は変化を怖がる**。特に「変化を与えられる者」にはその心理が強く働きやすい。

また、人が「チェンジ」を拒むのは、潜在意識に変化への恐怖があることも影響している。太古の昔、生き永らえるためには、大雨も降らず、獣に襲われることもなく、「昨日と変わらない今日」を同じように迎えることが最良の策だった頃の名残だ。

よって、チームは一度作ったルールを変えたがらないし、それを変えようとするリーダーに対しては「現場のことがわかっていない」「勝手に決めつけている」と静かに反旗を翻すのである。

そして、**ひとたびチームがリーダーに対して嫌悪感を抱くと、その評価は「集団心理」と「現状維持バイアス」が掛け合わさってなかなか覆らない**。リーダーにとっては、まさに頭を抱えたくなる事態だろう。

現実的な「最善策」は何か

チームが「カエル」と化す

こんなたとえ話をご存知だろうか。

数匹のカエルが、まるでお風呂のように、一緒にぬるま湯に浸かっている。

そのバケツを火にかけてみる。

カエルたちは「現状維持が大好き」なので、そのままぬるま湯に浸かっているが、時間が経つにつれ、お湯はどんどん熱くなる。飛び出せばいいのに、仲間のカエルも一緒に浸かっているので「まあ大丈夫だろう」とどのカエルもそのまま浸かっている。お湯の外に出るという「変化」が怖いというのもあるだろう。

さらに熱くなり「苦しい、そろそろまずい！」と思っても、時すでに遅し。バケツの湯は熱湯になり、カエルはみな、茹でガエルとなって死んでしまう――ちょっぴりの勇気を出し、変化を恐れずに飛び出す、それだけで助かったはずなのに。

何人もの心理学者が、人間は「集団」になった途端、変化をより強く拒絶するという性質について考察している。**チェンジが怖いチームは「みんなと一緒だから大丈夫」と、全員で茹でガエルになる危険をはらんでいる**のだ。

だからこそ、変化をうながすことはリーダーの大切な役割となる。

また、チームの一人ひとりも「バケツを出ないと危険です！」と現状の危機を恐れず指摘し、真っ先に飛び出すようなリーダーシップを個々に発揮すべきだろう。

リーダーも、そしてチームメンバーもリーダーシップを発揮できる組織こそ、現状維持バイアスに打ち勝って危機から脱出し、さらに成果を拡充できる強いチームといえる。

現場はつねに「不確実で曖昧」なもの

私が初めてスタンフォードの教壇に立ったのは、まだ東大に勤めていた研究休暇《サバティカル》中、客員教授としてだった。依頼は、「医学部で異文化間医療について講義をしてほしい」というもの。

アメリカで医療従事者になれば、同僚にも患者にも、人種や国籍などバックグラウンドが異なる人々が必ずいる。彼らと障壁なくコミュニケーションをとり、適切な医療処置を行うためには、多様な文化を知っておくべきだ。

いろいろと迷った末に、私は着物をまとい、日本語で話すことにした。

教室に入り、私が日本語で学生たちに話し始めると、空気が止まった。

私が教員であることは、すぐにわかるだろう。微笑んでいたので、敵意がないことも伝わったはずだ。だが、「着物姿の教員」というのはアメリカの学生からすると違和感の塊だ。その違和感が、誰もわからない日本語で語り出したらどうだろう？

案の定、学生たちの顔には「好奇心」や「戸惑い」が浮かんだ。いったいどうしたことかと、思索している様子もうかがえた。

英語に切り替えて「君たち、大丈夫かな？」と聞くと、学生たちの顔にようやく微笑みが戻った。混乱した、興味をそそられた、不安だったなど、率直な感想を述べてくれた。

予想外、あるいは理解不能の状況に出くわして感じる不安や苛立ちを、心理学では**「ディスオリエンティング・ジレンマ」**という。

私があえて「不確実で曖昧な状況」をつくり出したのは、**それが将来、彼らが向き合う現実世界だから**だ。

彼らは医学部の学生だから、医療の現場で働くとなれば予想外のことの連続だろう。

そして、正確にいえば、医療に限らず**すべての現場は不確実で曖昧**だ。

たとえば、これほど科学技術が発展しても、私たちが予想しないことは必ず起こる。気候変動、災害、戦争、金融危機が完璧に「想定内」になる時代はまだ遠いといわれているし、本当に遠いかどうかも、確実にはわからない。

また、科学の発展やテクノロジーの開発が、想定内に進むことはあり得ない。過去を遡ればわかるとおり、大きな発明は偶然が作用して、突然姿を現すことも少なくない。

「チェンジが怖い」というのはカエルだけではない。太古から人間にも備わっている心理だが、それでも私たちは挑戦するべきだ。**そうでなければ、どうなるかわからない不確実で曖昧な世界で、いつ敗者になってもおかしくない**のだから。

もともと馬具を作っていたフランスの高級ブランド・エルメスが、取扱商品を鞄や旅行用品に変えて生き残ったように、強い老舗はみな、細かな変化を続けながら新しい時代に適応し、何年もビジネスを継続している。

リーダーシップを発揮して必要があるときはチームを変え、そして不確実な世界を生き抜くためにリーダー自身、変容し続ける姿勢が求められるのだ。

リーダーシップを「一つずつ身につける」感覚を持つ

以上0章では、心理学の見地から、古いタイプの「強いリーダー」と、チームが持つ「集団としての性質」について記した。

「強すぎるリーダー」「偉大な指導者」は年功序列の影響もある古い時代のものだ。しかし、これからは「リーダーとフォロワー」という構造が崩れ、集団心理うごめく中、不確実で曖昧な時代が訪れる。

そこで一人ひとりがリーダーシップを発揮して状況に適切に対応していくには、次に挙げる4つの要素を踏まえたリーダーシップが重要となってくる。

①積極的なリーダーに必要な「個人としての土台」
→Authentic Leadership（本質的なリーダーシップ）

②部下を前に出す「謙虚さ」
→Servant Leadership（支援するリーダーシップ）

③「自分の力で変えられるもの」を変えてゆく勇気
→Transformative Leadership（変容をもたらすリーダーシップ）
④人、もの、価値観など、様々な「違い」を理解するための知恵
→Cross-Border Leadership（壁を越えるリーダーシップ）

リーダーシップを学ぶ学生たちに、私はこの4つを大切にするよう指導している。リーダーシップを身につけるうえでも、人生の指針としても役立つものだと確信しているからだ。

この4つのリーダーシップを身につけることで、本書で理想とする「最高のリーダー」になることができる。それこそが、**弱さを認めつつも積極性を発揮し、自分もチームも変えられる「アサーティブ・リーダー」という存在**だ。

次の1章では、「どうすればアサーティブ・リーダーになれるのか」という方法論の前に、「なぜ、アサーティブ・リーダーが最高の先導者たる存在なのか」そして「どんな人物がアサーティブ・リーダーなのか」について述べる。

あなたのようなリーダーが、そしてチーム一人ひとりが「たどり着くべき姿」について見ていこう。

1
章

Assertive Leaderが人を動かす

——求心力ある先導者

Episode of Hillary Clinton「ポケットに入った、エゴと謙虚」

２０１６年のアメリカ大統領選挙は、まだ記憶に新しいことだろう。

民主党から出馬を表明したのはヒラリー・クリントン。言わずと知れた第42代アメリカ大統領ビル・クリントンの妻であり、オバマ政権では国務長官を務めた人物である。共和党からはドナルド・トランプ。説明するまでもなく、この選挙の勝利者で、現職の大統領だ。

アメリカ大統領選はテレビ討論が大きな影響力を持つ。ヒラリーもトランプも候補者として様々な議論をしており、経済政策や医療保険について、あるいはロシア疑惑について、といった具合に話題は多岐に及んだ。

そんな中、私の記憶に残ったのは**「謙虚さ」**という観点で大統領選挙に言及した、あるテレビ番組の一幕だ。

２０１６年2月3日、ニューハンプシャー州のユダヤ教寺院のラビ、ジョナサン・スピラ＝サヴェットはCNNの番組上で、ヒラリーにこんな質問を投げかけた。

――ラビ、シンチャ・ブネムがこう教えています。

『すべての人は、二つのポケットを持っていて、ポケットにはそれぞれ、違うことが書かれたメモが入っている。

片方のポケットには「世界は私のために創られた！」というメモ。

片方のポケットには「私は、死んでしまえば灰と埃になってしまう、小さな存在だ」というメモ』

少しの間、この話を考えてみてください。あなたは大統領候補として、どう思うでしょうか？

この自由な国のリーダーになる人物であれば、強いエゴ（自我）が必要です。「世界は私のために創られた！」というゆるぎない自信が。

同時に、大統領とはありとあらゆることに責任を負わねばなりませんが、すべての期待に完璧に応えることは不可能です。片方のポケットのメモにあるように、人はみな、小さな存在です。つまり、「私も不完全な人間に過ぎない」と自覚する謙虚さが必要なのです。

あなたは二つのポケットについて、どうお考えでしょう？

エゴは悪いものではない。自信と強さがなければ、リーダーになることはできない。しかしエゴというのは、放っておけばどんどん大きくなる。だからこそ、「自分は小さな存在だ」と意識しなければ、謙虚さとバランスをとることができないのだ。

番組でヒラリーはラビの問いに対して、「日々、二つのポケットのバランスを考え、努力しようと心がけています」と答えた。

＊＊＊

エゴと謙虚のバランスをとることは、とても難しい。

大切なのは、「難しい」と意識して努力すること。毎日毎日、努力し続けること。

それでも、時にバランスは崩れるだろう。だが、難しいと知ってバランスを保とうと努力するその営みこそ、求心力のある「アサーティブ・リーダー」になるうえで欠かせないのではないだろうか——そう感じたやり取りだった。

「アサーティブ」であれ——心理学上、明確な指針

スタンフォードとコロンビア大が出した「結論」

心理学的に見ると、リーダーはアサーティブであるべきだ。

assertiveとは、直訳すれば**「主張型」**。**「積極性」**という意味もある。そして、いつもア

サーティブに振る舞うというより、**「アサーティブな人になる」ほうが様々な効果がある。**

事実、スタンフォード大学とコロンビア大学のリーダーシップを研究する心理学チームは、**「優れたリーダーはバランスよく自己主張をし、チームを引っ張る人物」**と発表している。

ところが多くのリーダーは、チームメンバーに「威張りすぎている」と思われるか、逆に「頼りない」と思われるという課題を抱えている。

そこで、良いリーダーになるには、「強からず弱からず中くらいのレベルで主張する」というより、**強く働きかける場面と、そうでない場面を知っておく**といいだろう。

「弱くてもいい」という極論がリーダーをダメにする

「強いリーダー」「偉大な指導者」は年功序列の影響もある古い時代の産物だ。だからこそ私たちは、エゴと謙虚さのバランスをとっていく必要がある。

ところが「弱さをありのままに見せる」という点が曲解され、誤った方向に行ってしまう事象をしばしば耳にする。この傾向は、特に日本において顕著だ。つまり、**「リーダーは弱くてもいい」という極論**に走ってしまうのだ。

できないことを認めて協力を求めるのではなく、「できない、無理だ」と開き直る――このくらいであれば、まだましなほうだ。

弱さについて勘違いしたリーダーは、もっとひどい場合は次のような言動となる。あなたのまわりにも、「『弱くてもいい』としているリーダー」がいないだろうか？

――決断を下すべき場面で、「チームみんなで決めよう」と自分の意見を言わない。
――トラブルが起きた際、「私にもどうしていいのかわからない」と対処から逃げる。
――致命的な失敗をしたあと、「みんなでやったことです」と責任を取らない。

〝We are the Leaders〟の原則を考えると、チームメンバーも一人ひとりがリーダーとして責任を持って行動すべきだが、それはあくまで「個人として」である。

実際問題、ビジネスの現場では、組織をまとめていくリーダーにチームのメンバーを育てたり指導したりするという「役割」がある。マネジャーやリーダーの立場になったなら、その役割はしっかりと果たさなければならない。

ところが「弱さについて勘違いしたリーダー」は、部下に対して困った言動をとってしまう。

――嫌われたくないので、厳しく指導すべきときでも、きついことが言えない。

――「メンバーの主体性を尊重する」と言って、業務を丸投げする。

――みんなを説得して仕事をしてもらうのではなく、自分が犠牲になって働く。

――部下が失敗をすると「これは▲▲さんに任せたので私はわかりません」と逃げる。


このような弱いリーダーが作る組織は、実質的にリーダー不在となる。これでは、組織として機能不全に陥る。

弱いリーダーは「若い社員が育たない」と愚痴をこぼしているかもしれないが、育たないのではなく、**そのリーダーが「育てていない」**のだ。

そこで、積極的に主張し、人を動かす「アサーティブ・リーダー」が理想のリーダー像として浮上する。

それは「どんな人」だろう？

積極的な強い主張や姿勢は、自分自身が成長するためには欠かせないものだし、組織の中でリーダーとしての役割を果たすときにも重要だ。

あなたが役割としてリーダーで部下を持つ立場にあるのなら、積極的に主張し、人を動かそう。エゴと謙虚さのバランスをうまくとり、**弱さを内包した本当の意味での強さ**を身につけよう。それがアサーティブ・リーダーである。

■アサーティブ・リーダー：自分自身を尊重し、人を否定することなく、自分とチームの利益のために行動できるリーダー

積極性は、自分の能力を最大限に引き出す。

はっきりした主張は、成果を出すために不可欠だ。

そして、**自信に満ちて一歩前を歩く姿が部下や後輩のロールモデルとなる**。顧客や取引先との関係でも、上司と部下の関係でも、アサーティブなリーダーが求められているのだ。

繰り返しになるが、重要な点なので強調しておく。

「アサーティブ・リーダー＝カリスマ的な強いリーダー」と単純にとらえるのは危険だ。**その積極性は自分の成長のためであると同時に、まわりの人のために役立てなければいけない**。

「自分、会社、部下のために価値を生み出す」という意識を忘れてしまうと、一昔前の強権的リーダーや、独りよがりのトリクルダウン上司になってしまう。

エゴと謙虚さ、強さと弱さ。バランスがうまくとれているのがアサーティブ・リーダーなのだと覚えておいてほしい。

「長い支持」が期待できる

アサーティブ・リーダーは、自分自身を尊重し、人を否定することなく、自分の利益のために行動できる。その強みや特長は、次のようなものだ。

- 自信・自尊感情があり、「息の長いリーダーシップ」が発揮できる
- 聞く耳を持ち、「信頼」される
- 自分の意見やアイデアを、しっかりと「主張」できる
- 「誠実」である
- 人を「責めない」
- 「責任感」がある
- 「チームに必要とされている」と感じられる
- 「難しいメンバー」ともうまくやっていける
- 「何を期待されているか」を理解し、実行できる

これらの要素は、「リーダーとしてのポイント」というより**「人間としての厚み」**だ。

つまりアサーティブ・リーダーとは、チームをテクニックで引っ張っていく存在ではない。**存在自体でチームを引きつける、求心力のある人物**なのだ。

その意味で、人は「リーダー」という役割についていくのではなく、「人間」に惹かれてついていくといえる。そんな人間的な魅力を備えたリーダーは、人望が自然と集まり、**長く支持される「息の長いリーダー」**となるだろう。

的確に「強いリーダー」になる

「パン」を分かち合う

エゴと謙虚さのバランスをとらなければ、求心力のあるアサーティブ・リーダーにはなれない——こう考えるとき、私が思い出すのが〝横須賀での出来事〟だ。

東京大学で教鞭を執っていた頃、私は臨床心理学の研究も兼ねて横須賀の米軍基地でしばしばワークショップを行っていた。

米軍基地で働く日本人従業員は当時およそ7000人。彼らは軍のアメリカ人とのコミュニケーションが必要不可欠だ。

「先生に指導していただくなら、異文化の理解についてはどうでしょうか」

担当者に相談を受け、あれこれ考えた。

そして私が気づいたのは、日本人従業員がいちばん必要としているのは「アサーティブ・リーダー」のトレーニングだということだった。

assertiveは「主張型」「積極性」といった意味があり、アメリカでは幼い頃から「明確な自己主張が大切だ」と教育される。

かたや日本は、「推して知るべし」がごとく、自ら主張することを良しとしない文化だ。最近は、日本の教育現場でも自己主張の重要性を教えるようになっているが、実際にそれが根付いているとは言い難い。文化とは、短いスパンで変わるものではない。まして15年以上前の米軍基地にいた日本の職員たちは、昭和の教育を受けた人たちだった。

そこで私は、「アサーティブ・リーダーになるよう、トレーニングをしましょう」と提案した。

ところが、話をしているうちに気がついた。

米軍基地の人事担当者たちだから英語は堪能なのだが、彼らはどちらも積極性を意味する**「アグレッシブ（aggressive）」と「アサーティブ（assertive）」を区別していなかった**のだ。

何やら英語の授業のようで恐縮だが、**「アグレッシブ」は同じ積極性でも強権的リーダ**

ーに近い。自分のための積極性、自分のための主張ばかりする、というようなニュアンスだ。価値基準は勝つか負けるかで、白黒をはっきりつける。

アグレッシブは、一つのパンを分かち合うことはない。自分が食べて相手がお腹をすかせたままか、相手が全部食べて自分が我慢するか、二つに一つだ。

だが、「アサーティブ」はそれほど単純なものではない。自分のことも相手のことも考えながら積極的に主張し、「win-win」を目指す。それには、**「パッシブ以上アグレッシブ未満」**という状態が必要になる。

意見すら「客観的」になる

「assertive」と「aggressive」の区別が曖昧だった米軍基地で働く日本人に接したことで、私は**「assertiveとは、aggressiveとpassiveの間にあるもの」**ととらえると、理解しやすいのでは、と考えた。

アサーティブとは、「アグレッシブ（積極型）とパッシブ（受動型）の中間でバランスがとれている状態」だ。次の表を見てほしい。

つまり、**「アグレッシブ」と「パッシブ」の間でバランスがとれている状態、両者の強みを抽出したのが「アサーティブ」**なのである。

図2　「アサーティブ」の特徴

aggressive	assertive	passive
積極的	主張的	受動的
win-lose	win-win	win-lose
話す	質問する／聞く	聞く
自分の意見を言う	データや知見を取り入れた意見を言う（客観的な主張）	人の意見を聞く
自分を尊重する	自分と人を尊重する	人を尊重する
考えを表現する	考えを表現する	考えを表現しない
まわりのことを考えない	まわりのことを考える	まわりのことを考える

アメリカ人の場合、どちらかというとアグレッシブ寄りで、日本人は比較的、パッシブ寄りだ。

確かに「NOと言えない日本人」で知られるように、日本人は受け身になりがちだ。だからしばしば、「日本人は受動的だ。自己主張が苦手だから、積極的にならなければいけない」とされるのだろう。

集団なら積極的になる「日本人」

ただし、日本とアメリカの両方を知る者として、**「日本人は受け身でよくない」と決めつけるのは、偏った考え方**であると私は思う。

日本人がパッシブ寄りなのは、「調和を重んじる」という文化的な価値観があるためだ。人の意見に耳を傾け、相手を尊重し、まわりのことを考えるというのは長所であり、決して悪いことばかりではない。

その証拠に、**日本人は「集団」であればアサーティブに振る舞うことが得意**だ。強い集団意識の下では個人のメリットを主張できないが、集団のメリットなら強く主張できる。

もちろん、「嫌われたくない」「波風を立てたくない」「責任を取りたくない」「意思決定したくない」など、パッシブ寄りであることのマイナス面は、自己主張が苦手という点以外にもある。だからこそ、日本では「リーダー不在」が叫ばれるのだろう。

しかし、日本人の強みも弱みも、いずれも「パッシブが強い」という文化的傾向からくることは、重要な視点となる。

「欧米型リーダーシップ」の弱点

スタンフォードには、アジア系アメリカ人の学生が多い。彼らの多くは学習能力が高くても積極性に欠けるとされ、ビジネススクールでは「アジア系のためのアサーティブ・トレーニング」が行われている。

だが、前述したようにパッシブ寄りであるのは日本人を含めたアジアの文化であり、調和を大切にする良い面もたくさん内包している。

逆に、欧米系アメリカ人の学生はおおむねアグレッシブ寄りで、「まわりのことを考えずに自己主張をする」「人の話を聞かない」というマイナス面を抱えている。

自律性・自主性を大切にするのが西欧文化だから、彼らの多くは、個人としてアサーティブなリーダーシップを発揮することが得意だ。**しかし、リーダーの役割になった場合、アサーティブを通り越して強権的になってしまう可能性が高い**。

私は、心理学者としても日本とアメリカにルーツを持つ者としても、西洋人のようになれといわんばかりの「アジア系のためのアサーティブ・トレーニング」には抵抗を感じた。これでは参加する学生は非難されたように感じ、自分を守ろうと頑なになるだろう。その姿勢では何を学んでも身につかない。

できない部分を指摘し、「ここが足りない」と責めてしまうと**「ネガティブ・バイアス」**を強めてしまう。これは、欠点に注目することで生き延びてきた生存本能に根ざすもので、ネガティブな事象に過剰に反応する性質を指す。

間違ったアサーティブのとらえ方をすると、リーダー本人とチームメンバー、双方の「ネガティブ・バイアス」が強まる。その結果、リーダーは大局的に物事を見られなくなり、メンバーは「ここがダメだ」というリーダーの主張をおとなしく受け入れるようになる。

この「モデル」を採用する

だが、心理学には**「強みに基づく評価」**という手法もある。その人の強みと弱みの両方に焦点を合わせることで、前向きかつポジティブになれ、自信もつくというものだ。

そこで私が提案したのは、アジア系のみならず、すべてのスタンフォードの学生を対象とした授業だった。具体的には、ポジティブ心理学に基づいた**「Empowerment model」**という手法を用いたクラスだ。

これは**「すでにあるアサーティブな要素で自信をつける」**というトレーニングであり、米軍基地で行った日本人従業員のためのトレーニングをヒントとしている。

アジア系アメリカ人の学生がアサーティブになるには、はっきり自己主張することや自分を尊重することを学ぶ必要があるが、最初からそこにフォーカスしない。

まずは彼らに、**「あなたはすでに、『人の意見を聞く』『人を尊重する』『まわりのことを考える』というアサーティブな要素を持っている」**と教えるのだ。

ゼロからのスタートではなく、自分はすでにアサーティブな部分もあると自覚すれば、自信を持って足りない部分を伸ばせる。自分たちのバックグラウンドを否定することなく、むしろ強みにできる。

逆にそのほかのアメリカ人の学生がアサーティブになるには、まわりのことを考えたり、人の話を聞いたり、人を尊重したりすることを学ばなければいけない。忍耐力や相手を受け入れる気持ちを持つことも必要だ。いっぽう、彼らがすでに持っている自己主張の強さや自分を尊重する部分はアサーティブに欠かせない要素であり、自信を持っていい。

ビジネスパーソンであっても同じだ。87ページの表をチェックして**「自分の中のアサーティブな部分」**を自覚しよう。それから、足りない部分を本書に記すリーダーシップで磨いていく意識を持ってほしい。

また、日本人の中でも「アグレッシブ寄りの人」と「パッシブ寄りの人」がいる。自分がどちらのタイプでも、すでに内在しているアサーティブな部分を生かしながら、足りない部分を身につけていく感覚で本書を読み進めてほしい。

女性リーダーの場合、ジェンダーによるバイアスがある。女性リーダーのまわりには「女性はパッシブだ」という根強い思い込みがあるため、強く主張すると周囲から反感を買うことも多く、アサーティブになるのは難しく思えるかもしれない。

だが、女性特有の「他者を思いやる力」は、実は女性リーダーがすでに持っているアサーティブな資質だ。そこは大事にして、足りないところを伸ばしていこう。

結局のところ、大切なのはアグレッシブとパッシブのバランスである。バランス感覚を持って初めて、アサーティブ・リーダーになれることを忘れてはいけない。

「学問」がここまでやってくれている――人の心の理解手順

「学者たちの力」を借りて理解する――難敵の本心

自己と他者、その両方をバランスよく尊重し、win-winを目指す。そんなアサーティブ・リーダーになるには、**自分自身と相手の心を理解することが必要**だ。

リーダーとして人を動かすには、人の心を動かさなければいけない。「人の心を動かす必要性」を実感しているリーダーは多いことだろう。

だからリーダーは、チームのメンバーの「心の内」を知りたがる。プロジェクトの発足や人事異動でリーダーの役割となったとき、たいていの人は「メンバーについて把握しなければ」と考えるだろう。

また、組織はリーダーに、「人のマネジメント」と「成果」の両方を求める。そこからプレッシャーが生じて、こんな心理状態になっているかもしれない。

――メンバーの「強み」と「弱いところ」を組み合わせて成果を出したい。
――「若手を育成」したいし、それを会社からも期待されている。
――「厄介なメンバー」をうまくコントロールしたい。

リーダー自身も弱さを抱えた一人の人間である。苦手なメンバーや何を考えているのかわからない若手と、うまく付き合っていきたい気持ちもある。できれば無駄な衝突は避けて、円満に過ごしたいところだ。

そんなとき、**心理学の知見がチームメンバーの心の様相を知る「手順」を教えてくれる。**

では、自分は「どんな人間」か？

ハーバード時代、私が大きな影響を受けた師の一人に、チェスター・ピアス博士がいる。残念なことに2016年に亡くなってしまったが、大切な恩師であり、私のメンターだ。

ピアス先生は品格がある人だった。研究者として数々の功績を成し遂げたにもかかわらず、紳士的で、常に謙虚な姿勢を崩さなかった。

ニューヨークに生まれ、1948年ハーバードに入学。当時としては非常に珍しい黒人学生だった。教育学部で学位を、医学部で博士号を取得したばかりか、優れたフットボール選手でもあった。卒業後はハーバードの医学部で、教育学科と精神科の教授として多くの学生を指導した。

私がハーバードで学んでいた頃、ピアス先生は教育学科で異文化理解に関する心理学を教えていた。

先生の授業で学生から、「どうすれば黒人や中国人を理解できるのでしょうか？」という質問が出たことがある。東部のエリート校であるハーバードで、当時の多数派は圧倒的に〝白人〟だった。

ピアス先生はその問いに、**「まず自分を知ることが大事です」**と答えた。

「自分を知らないと、人のことも深く理解できない。だから自分を知って、その知識や経験から他者を理解できるようになりなさい」

自己を知って、他者を知る。自己とは、自分から一番近い人間であり、その心理メカニズムを把握してこそ、初めて他者の気持ちがみえてくる。

この教えは、あれから数十年経った今でも、私の中に染み込んでいる。

自分が知らない「自分」がいる

心理学には**「自己理解」**という考え方がある。

「自分とは何だろう？」

図3　「私」の構成要素――心理学的な「自分」の分析

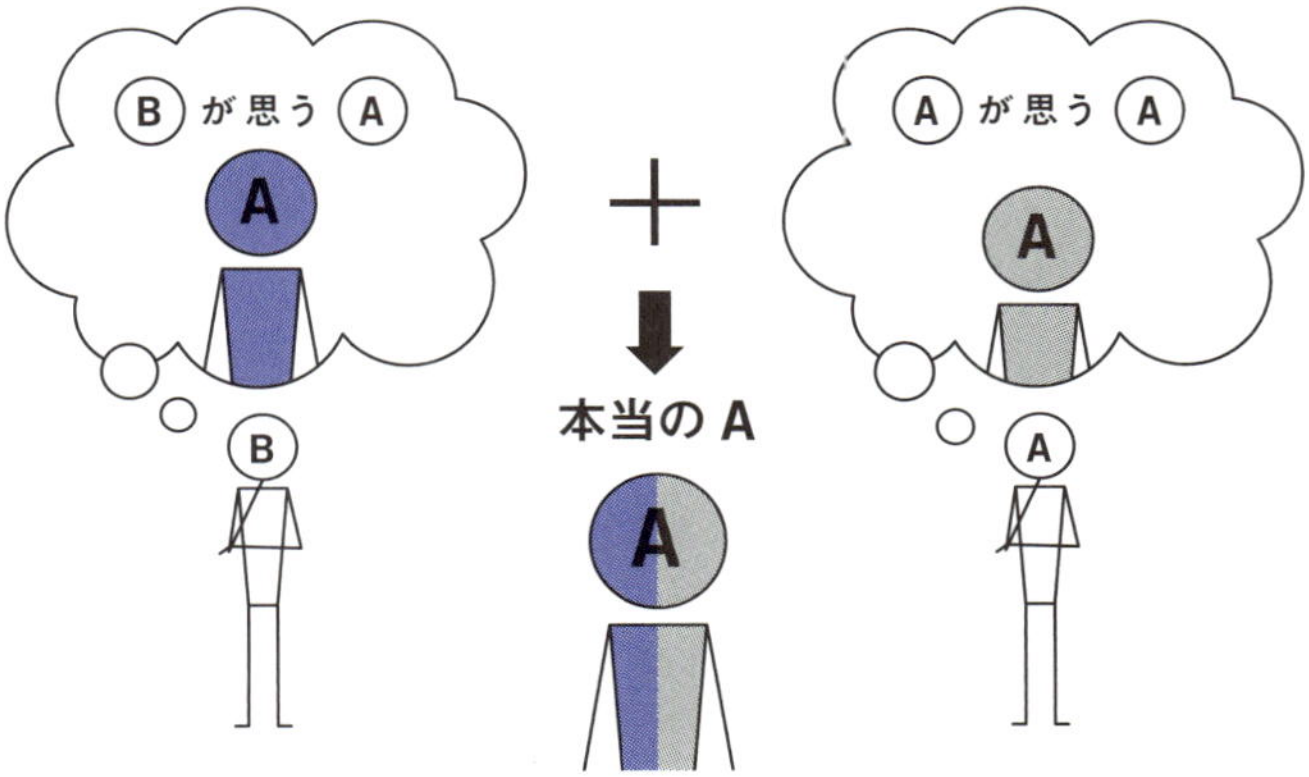

これについてアメリカの心理学の父といわれ、ハーバード大学に初めて心理学部を設立したウイリアム・ジェームズは、**「主体としての自己（I）」**と**「他者に知られる自己（me）」**という考え方を提唱した。

つまり、**「これが私だ」と思う自分と、他者から「あの人はこういう人」と見られる自分を合わせたものが「自分」**だという考え方だ。

あなたが思う「自分」と他者が思う「あなたという人」は、一致していることもあるが、まったく異なる場合もある。

たとえば、

- 主体としての自己（I）：私はさっぱりした性格で、決断力がある。
- 他者に知られる自己（me）：この人は大雑把で、なんでも単純に決めつける。

逆のパターンも考えられる。

- 主体としての自己（I）：私は細かいことにこだわりすぎて決断力がない。
- 他者に知られる自己（me）：この人はよく気がついて、慎重だ。

これは単純化した例に過ぎない。ここで伝えたいのは、**「『自分』とは、主観という一つの面だけでは決して正確に解釈できない」**という考え方だ。

先人たちが「ツール」を揃えてくれている

「自己と他者という、二つの視点を使って自分を知るべきだ」

そう主張したジェームズは１８４２年生まれの心理学界の〝大御所〟だ。ここからぐっと時計の針を進めた１９８３年、ハーバード大学の心理学博士ハワード・ガードナーが、**「ＭＩ（Multiple Intelligences）理論」**を発表する。

人の知性というものは、ペーパーテストでわかる「ＩＱ（Intelligence Quotient）」のような一つのものだけではない。知的活動はほかにもあり、それらをすべて組み合わせたものがその人の知性だ――このように主張したのだ。これも多面的に人をとらえ、「自己を知る」という心理学の探究だ。

ＭＩ理論によって、「自分」は多面的にとらえるべきだという考え方が定着した。

これを踏まえて1980年代後半に**「EQ（Emotional Intelligence Quotient）」**という理論が登場する。この言葉が最初に使われたのは1960年代で、心理学の世界では大きなトピックといっていいだろう。

EQ理論によって、「自分」とは〝頭の知能指数〟と〝心の知能指数〟という二つの面でとらえるべきだという新しい概念が生まれたのだ。

EQを一般向けのわかりやすいものにしたのが、心理学者のダニエル・ゴールマン。彼もハーバード大学の心理学者で、私の師であるカッツ博士とともに研究した人物だ。

1995年に発表した彼の著書『EQ　こころの知能指数』（講談社）が世界的なベストセラーとなったことで、EQ理論は一気に広まり、リーダーシップなど、ビジネスの現場に用いられるようになった。**心理学を用いた自己理解はリーダーに必要不可欠であり、自己理解は頭の知性だけではわからない**と広く認識されるようになったのだ。

ジェームズの「主体としての自己（I）」と「他者に知られる自己（me）」という考え方。

MI理論で提唱される「多面的な自己」というとらえ方。

そして、EQ理論で展開される「頭と心の知性で測る自己」という心理分析。

このような心理学の研究の発展によって、「自分とは何か」についての理解が深まり、リーダーシップや組織論など、ビジネスの現場に応用される基盤が整ったのである。

あとは「どう使うか」が問題だ

21世紀を迎える頃には、ＥＱ以外にも心理学の知見がビジネスに積極的に取り入れられるようになる。「ポジティブ心理学」や「人間性心理学」に基づいた働き方や正しいリーダーのあり方が提案されるようになったのだ。

- ・「ポジティブ」な環境づくり
- ・お互いを成長させ、「win-win」となる人間関係
- ・自分にも部下にも「働く目的」を明確にする重要性
- ・「モチベーション」を高め、エネルギッシュに働く方法

どれもあらゆるビジネス書の定番となっているトピックで、リーダーの必須科目とされているが、もともとは心理学の研究から生まれている。

ところが、こうしたトピックがあまりにも広まったために、「1分で成功するマネジメント」「リーダーになる50の法則」といった、心理学から離れたテクニック寄りの話になっていることが、私は残念でならない。

そこで本書では基本に戻り、**「心理学的に効果がある」と証明されたアサーティブ・リーダーになるためのトレーニング**を紹介していく。

しっかりと自己を知り、そのうえで他者の理解に努めてほしい。私が研究するマインドフルネスも、そうした心理学トレーニングを代表するものだ。学生だけでなくビジネスパーソン、企業や医療関係者にも提供している〝Transforming Self and Systems〟（自分と社会を変革する）なども研究知見に基づいたトレーニングで、本書にもエッセンスを取り入れている。

2章から紹介する、アサーティブ・リーダーになるための4つのリーダーシップは、まさに心理学をあなたを変える試みに役立てようという取り組みである。

アサーティブになる「いい努力」

「地位」が人格を歪める――スタンフォード監獄実験

ポイントを絞って心理学の理論をお伝えしたところで、いよいよ他者を知るために自己を知る方法を紹介しよう。

自分を知るために、私はしばしば「Who are you?」というエクササイズを行う。

自分の感じていること、考えていること、自分の価値、自分の大切にしていること、自分の夢や目標、使命を考えてもらうのだ。

しかし、こう尋ねても「抽象的でわからない」という人もいるので、さらに質問をする。

「あなたはどんなことをしていると、ワクワクするだろうか？」

エクササイズでは最後に、「これから自分が何をしていきたいか」を絵に描いてもらう。


「Who are you?」が、いかにも学生向きで、ビジネスリーダーにはふさわしくないと感じるのなら、あなたは**「役割性格」**にとらわれているかもしれない。

心理学でいう「役割性格」は、社会的な自己、すなわち〝上司としての自分〟〝営業としての自分〟〝父親としての自分〟という「役割」が大きくなってしまった状態だ。

スタンフォード大学の「監獄実験」をご存知だろうか。

社会心理学者のフィリップ・ジンバルドー博士が１９７１年に行ったもので、「看守役」と「囚人役」に分けた学生の言動を観察した実験だ。単なる実験で、当初は演じていただけなのに、**いつの間にか看守役の学生は強権的になり、囚人役の学生を厳しく威圧するようになっていった**。


これは実際によくあることで、**昇進した途端、急に「ボス」のように振る舞う人は珍しくない**。どんな組織にも似たような例があるのではないだろうか。

特にポジションの高いリーダーは役割性格にとらわれやすく、「自己評価（self-assessment)」がうまくできない人が多い。**中心に隠された「自分」がどういう人間かわからないまま、役割性格という殻が分厚くなっていく**。

こういうリーダーは自分がわからないのだから、他者についても理解が及ばない。部下が「うちのリーダーは全然話を聞いてくれない」と不満を抱えて部署内で問題になっていても、本人は「私は聞く耳を持つ上司だ」「私が上司なのだから、黙ってついてくればいい」などと自信にあふれていたりする。

「自分を知る」といっても、そう簡単なことではないのだ。

だからアメリカではコーチングが珍しくない。心理学のトレーニングを受けたプロのコーチに補助してもらい、自己を知るプログラムなどを通じて、メンタルを整えたり強化したりするのだ。

トップの判断で、経営幹部にはコーチングを受けさせている企業も多い。2013年のスタンフォードの調査では、**上場・非上場を問わず、北米企業のCEOの3分の1が、上級幹部クラスなら半数がコーチングを受けている**という。私の妻もコーチングを仕事としている。

とはいえ日本において、コーチングはアメリカほど一般的ではないだろう。だからぜひ、自分を知り、自分を変えるワークとして、本書を活用してほしい。

「共感」は伸ばすことのできる能力

リーダーが自分を知らなければいけないのは、自分の心を知ることで相手の心がわかるようになるから。つまり、**「共感」できるようになる**からだ。

あなたが自分自身の心の反応具合を知っていれば、あなたは人に共感できる。

たとえば、誰かが真剣に話を聞いてくれたときの心地よさを知っていれば、相手がどのように話を聞いてほしいかがわかる。誰かに仕事を認めてもらったときの満たされた感覚を知っていれば、相手も同じように認めてほしがっていると理解できる。

人が「心」で動く以上、**共感はリーダーシップの大切な要素であり、アサーティブ・リーダーは「共感する力」を有しておかなければならない**。

おそらく読者の中には、調和を重んじ、人の意見を尊重するのが得意な人も多いだろう。相手に共感する力はアサーティブ・リーダーになるための強みだから、ぜひ損なうことなく伸ばしていってほしい。

ただし「気持ち」にフォーカスしすぎてはいけない——冷静になろう

だが、共感については注意点があるので、おさえておこう。

日本人にとって「共感」は一つの言葉だが、同じ共感を意味する言葉でも心理学で用いられる場合、**「コンパッション：compassion」と「エンパシー：empathy」ではニュアンスが異なる。**

compassionはラテン語からきた言葉で、「情熱とともに（com=with passion）」という強い共感だ。心理学でいう「コンパッション」は、**他者の感情を感じているが、客観的でいられる状態**を指す。客観的だから、行動を起こすことができる。

一方「エンパシー」は、他者の感情を感じると自分も同じ気持ちになる。同じ気持ちになっているだけだから、行動には移せない。

フランスのパスツール研究所で分子遺伝学を学んだのち、チベットで僧侶になったという異色の経歴の持ち主マチウ・リカールの『Altruism（利他主義）』に、興味深い脳科学の研究が紹介されている。同書や関連する記事によれば、人の苦しみや悲しみにただエンパシーで共感していると、**脳の〝悲しみ〟や〝痛み〟といった不快感情を司る部位が活性化する**ことがわかった。こうなると本能的に苦痛を避けようと逃げ出したくなるから、相手を助ける行動はできない。

だが、人の苦しみや悲しみに、「コンパッションで共感したうえでケアしよう」とすると、**脳の協力的な〝行動〟〝充実感〟〝持続力〟を高める部分が活性化**する。リーダーシップを発揮できる状態に脳がなるのだ。

これを踏まえて、コンパッションとエンパシーを明確に区別しようというのが心理学の新しい潮流である。

たとえばチームの若手が失敗し、泣くほど落ち込んでいたとする。コンパッション型の共感をするリーダーであれば、「君が落ち込むのはわかるよ」とその気持ちに共感しつつも、一線を引いて客観的になり、「今回の原因はここにある。次は、こうしたらどうだろう?」と、リカバリー方法を提示できる。

いっぽうエンパシー型の共感をするリーダーは、「君が落ち込むのは、よくわかる」と一緒になって落ち込むだけで終わる。愚痴を聞きながらお酒を飲めば「やさしくていい上司だ」と一瞬は思われるかもしれないが、そこに生産性は生まれない。

その部下は成長できないし、現実問題として、そのチームはトラブルを処理できていない。厳しいようだが、リーダーとしての仕事を果たしているとはいえない。

家族や恋人にとって、自分のことのように喜んだり、一緒に泣いてくれたりする存在はかけがえのないものであり、エンパシーは悪いものではないが、かといってエンパシーだけでは足りない。

リーダーにとって、持つべき共感は、強さがある「コンパッション」だ。一緒に泣いていたら、共倒れになる。

ビジネスの場の良き人間関係は、友人関係とは違う。**他者の気持ちを感じながら、ほどよい距離を保てるのがアサーティブ・リーダー**だ。

客観的になれる余裕があってこそ、本当にその人のために行動できると知っておこう。

300年前に説かれた「いい指摘」の心得

私が感銘を受けたある古典に、こんな一節がある。

「人に意見をして疵《きず》を直すと云ふは大切なることにして、然も大慈悲にして、ご奉公の第一（compassion and service）にて候」

現代語にすれば、こんな言葉になるだろう。

「人の失敗、間違い、欠点をはっきりと指摘することは、大切なことであり、思いやりであり、重大な責任である」

この古典が書かれたのは1716年頃といわれている。タイトルは〝Hagakure〟。そう、佐賀鍋島藩の山本常朝が武士の心得を説いた『葉隠』だ。

私の母方の祖母は1903年の生まれで、しばしばこう口にしていた。

「私のおじいさまは旗本です」

旗本とは江戸時代、将軍家に直接仕えた直参武士で、祖母にとってはそれが誇りでもあった。私が武士道に興味を持つようになったのは、明らかに祖母の影響だろう。

だからこそ、偶然手にした〝Hagakure〟にリーダーシップの基本が書かれていて、強く心を動かされた。今から300年以上前に、日本人はリーダーシップのためのコンパッションの重要性を理解していたと知り、誇らしくてならなかった。


ところが私が東大で教えていた頃のこと。

東大では、ゼミやディベート会など、日本人学生と外国人学生が英語で討論をする機会がしばしばあった。ある授業で日本人学生が発言していると、外国人学生が「声が小さくて聞こえません」と言った。野次などではない、ごく普通の指摘だ。

すると日本人学生は、「なぜ、そんなことをみんなの前で言うんですか」と抗議したのだ。人前で恥をかかされ、とても傷ついたという。

外国人学生は意味がわからないという顔で、「ただのフィードバックだよ。声が小さいと聞こえないから、それを教えてあげるのは、あなたのためだ」と答えた。

そのやりとりを見ていて、私は残念でならなかった。

日本人は調和を尊び、波風を立てることを嫌う。そのためか、学生ばかりかリーダーの中にも、「嫌われるのが怖くて、注意することができない」「部下はほめて伸ばすものだ」という考えの人がいるのかもしれない。

だが、コンパッションの精神を受け継いでいる日本人には、**正しい距離を保ち、言うべき指摘はきちんとする「積極的な思いやり」**も備わっているはずだ。

もちろんどのように指摘するか、適切な方法はある。『葉隠』にもフィードバックの際の心得が書かれているし、心理学の研究から明らかになった有効な伝え方や説得する方法もある。

その意味では先ほどの外国人学生が「正しくリーダーシップを発揮した」とは言い切れない。もっとも、同じ学生同士であればヒエラルキーも存在しないのだから、もう少しフランクな話し合いができても良いだろう。

しかし、これが**上司と部下の関係だと、厳格なヒエラルキーの中にあるから、外国人学生の注意よりもより慎重な配慮が必要**だ。

アサーティブ・リーダーになるうえでは、**「コンパッション型の共感を持ったうえで、適切な方法で指摘をしなければならない」**と心得てほしい。

自己犠牲型リーダーの限界

「努力」と「人徳」は比例しない

私はしばしば、シリコンバレーに視察に訪れる日本人ビジネスパーソンにも、ワークショップを行う。その際、日本のビジネス事情も見聞きするのだが、特徴的だと感じることがある。

前述したように、日本の多くのリーダーが、マネジャー（管理者）でありながらプレイヤー（実務者）であるという「プレイング・マネジャー」なのだ。つまり、「個人の業績」と「チームの成果」の二つの課題を与えられている。

「チームの成果」には、売上のような「数字としての成果」のほかに、人材育成や人材活用、潤滑なコミュニケーションなどの「数字にならない成果」まで含まれているから、課題は膨大にあるといってよい。

そんなプレッシャーを抱えたリーダーは、極端に走りがちだ。

・〝トリクルダウン上司〟に象徴されるような、自分ファーストの「強権的リーダー」
・〝チームファースト〟で、みんなのために我慢する「自己犠牲型のリーダー」

どちらもリーダーシップを発揮しているとはいえない間違ったリーダーなのだが、いずれかに偏ってしまう。

日本人に多いのが、「自己犠牲型リーダー」だ。表面的には「立派で思いやりがある」「部下想いな上司」と高評価なのだが、**それだけで「良きリーダー」と認定されない**のが辛い点だ。

そもそもみんなで頑張るべきところを、何もかも一人でやっていたら、成果など出せるはずもない。

どんな天才も、様々な形で協力を得たチームプレーによって結果を出している。よく知られた例を挙げれば、プログラミングの天才ウォズニアックと優秀なテクニカルチームが存在せず、スティーブ・ジョブズが孤軍奮闘していたとしたら、アップルは再生しなかったし、iPhoneは誕生しなかっただろう。

また、大量の業務を自分がこなして部下を休ませるといった「自分を犠牲にした働き方」は、いずれ無理が生じる。

部下はありがたがるどころか、**「そんなことまでしてくれなくても」と負担に感じるかもしれない**。

そもそも何も指導せず、指針も示さず、ただがむしゃらに一人で仕事をこなすリーダーに対して、「この人についていこう」とは誰も思わないだろう。

「滅私型リーダー」を待つ思わぬ低評価

自己犠牲の働き方で疲弊したリーダーは、「こんなに頑張っているのに」「うちのチームは全然使えない」と次第にストレスを溜めるようになる。

その結果、心や体を壊したら元も子もないし、**「リーダー対チーム」という対立構造が生まれれば、お互いが努力すればするほど、チームは分断していく**。

また、自己犠牲の働き方をするリーダーは、プレイヤーとしての個人の成果が上がらなくなる。すると悲しいことにチーム内外から、「なぜあの人が上司なのか」「自分はできていないくせに」という目で見られがちだ。

プレイング・マネジャーは、プレイヤー面とマネジメント面、両方で結果を残さないと、上からも下からも評価されないのだ。

図4　プレイング・マネジャーへの厳しい評価

リーダーとして	プレイヤーとして		部下の心境
○	○	➡	「上の人なんだから当たり前」
○	×	➡	「結果出していないくせに」
×	○	➡	「自分ばっかり」「職権乱用だ」

会社はプレイング・マネジャーに対して、「リーダーとしても個人としても成果を出せ！」と要求する。

チームもプレイング・マネジャーに対して、「リーダーとしてもプレイヤーとしても優れているべきだ！」という、過大な期待を抱いている。

この際、「プレイヤーとしての成果」とは別のところにある**「リーダーとしての努力」は、残念ながらチームメンバーの視界には入らない**。

プレイング・マネジャーという働き方の良し悪しは別として、これが目の前にある現実だ。

あなたがもしプレイング・マネジャーならば、**「自分が我慢して努力すればすむと**

いう問題ではない」ことに気づいてほしい。

もっと「自尊感情」を持ったほうがいい

自己犠牲型のリーダーにはきまじめな人も多い。「部下の気持ちを知ろう」と努力するが、私が「人の心を知るには、まず自分を知らなければいけない」と伝えると、違和感を覚えたりする。

その理由は明白で、**「自分を大切にすることが苦手だ」という日本人の心理的傾向**が根っこにあるからだ。

87ページの表を思い出してほしい。アジア文化の特徴は「パッシブ寄りな人」が多いことだった。自尊感情が薄く、絶対に揺るがないほど自信がある人は少ない。**「チームのため」を思うことは得意だが、そのために自分を犠牲にしてしまう**のだ。

自分を大切にしないリーダーは、決して成果を上げられないし、長い目でみてチームを導くことはできない。

あなたがリーダーの役割でも、新入社員であっても変わらない。自分自身の成長や働く意義、人間関係を含めた快適な仕事環境を求めるのは、当然の権利だ。

ただし、「個人の成果＝チームの成果」とするとトリクルダウン上司になってしまうから、**手始めに「個人の成果」と「チームの成果」をゆるやかに連携させるイメージ**を持つといいだろう。

プレイング・マネジャーこそ、アサーティブ・リーダーを目指そう。

リーダーだからといって、自分を犠牲にしてチームのために働く必要はない。**自尊感情なしにできることなど、なにもないのだから**。

とらえ直す――「誰のためのスキル？」

1章では、本書が目指す積極的なリーダー、「アサーティブ・リーダー」の特徴について述べてきた。経営者、上司、プロジェクトの責任者など、役割としてリーダーを務める人には、特にアサーティブ・リーダーを目指してほしい。

アサーティブ・リーダーに大切なのは、エゴと謙虚さのバランス感覚だと述べたが、**そのバランスをとるには、0章の終わりに挙げた4つのリーダーシップを組み合わせるのがよい**と分析している。

① Authentic Leadership（本質的なリーダーシップ）
② Servant Leadership（支援するリーダーシップ）
③ Transformative Leadership（変容をもたらすリーダーシップ）
④ Cross-Border Leadership（壁を越えるリーダーシップ）

「自分には部下もいない」

「チームの中でポジションとしては下だ」

　こんな人にもリーダーシップは必要だ。

「リーダーとフォロワー」という構造が崩れている以上、一人ひとりがリーダーシップを発揮しなければ仕事上の成果を出し続けることはできないし、何よりあなた自身が伸びていかない。

「リーダー」は仕事上の役割だが、**「リーダーシップ」とは個人のためのスキル**だ。その人が成長するためにも必要だし、成果を上げる際にも役立つ。

　もちろん、的確なリーダーシップを身につければ、リーダーの役割を与えられた際も責任をしっかりと果たし、チームを大きな成功に導くことが可能となる。

　それではここから、アサーティブ・リーダーになるために必要なスキル、４つのリーダーシップに論を移そう。

まずは4つのうち、一番の基礎で土台となる能力、**「Authentic Leadership（本質的なリーダーシップ）」**から話を始めたい。

2
章

Authentic Leadership
——人心を掴む「土台」を築く

Episode of Jordan Williamson「6万人の前で2度失敗したキック」

「こいつなら、決めてくれる」

期待と確信に満ちていた人が、どれほどたくさんいただろう。

2012年1月2日、アリゾナ州グレンデール。

全米カレッジ・フットボールのシーズン終了後、成績優秀校が対戦するチャンピオンシップ・シリーズの一つ「フィエスタ・ボウル」が開催されていた。

文武両道のスタンフォードはシーズンを好成績で終えており、フィエスタ・ボウルでの対戦相手はオクラホマ州立大学。

アメリカン・フットボールはアメリカの国民的スポーツだ。スタンドを埋める観客。全国のスポーツバーや家庭のテレビ前にも、箱買いのビールをぐいぐい飲みながら熱く応援するファンがいた。

6万人の観衆の前で、彼自身、確信していたに違いない――僕ならできる、と。

その選手の名は、ジョーダン・ウィリアムソン。まだ1年生だが、高校時代からのスタープレイヤーにして、スタンフォードのエースキッカーだ。試合終了まであとわずか、絶好のポジションでのフィールドゴール。彼の右足が、勝利を確定するはずだった。

ところがボールは大きくそれた。スタジアムはどよめき、アナウンサーは叫ぶ。

そして延長戦に持ち込まれた試合で、チャンスは再びスタンフォードに巡ってきた。ジョーダンに、リカバリーして勝利をもぎ取る二度目のチャンスが与えられる。**そして彼の放ったキックは、またしても大きくそれ、ゴールを外した。**

ゲームは終わった。41対38で勝利を収めたのは、オクラホマだった。

自信と誇りに満ちたジョーダンは、叩きのめされた。**6万人が息をのむ中、2度の致命的な失敗を繰り返した**のだ。

「スマホを見たら、100以上のメッセージと、数え切れないほどのSNSの書き込み。死んじまえ、下手くそ、クソ野郎、おまえがすべてぶち壊した……」

本人はのちにこう語っている。だが、誰よりも厳しく彼を責めたのは、ジョーダン自身だったに違いない。

泣いても過去は戻らない。彼はやがて授業にも出なくなり、酒をあおるようになった。酔いに任せて眠りたい、眠ったら目が覚めなければいい――そんなことを願って。

「自殺にはナイフより銃がいい」とすら考え始め、落ちようがないほど落ちたあと、彼は自分の死がまわりの人をどれほど苦しめるかに気づいた。

まわりの人々、ことに自分を愛してくれる母を悲しませてはいけないと悟ったのだ。

それからジョーダンは、外に出るようになった。**あえて「フィエスタ・ボウル」の公式キャップを被り、2度の失敗という自分の弱さをさらけ出した**。私の授業を繰り返し4回も受け、気持ちを詩に綴った。

「完璧なスター選手」の殻に隠されていた、**「弱くて失敗もする不完全な存在」という自分の本質を認め、受け入れた**のだ。

この世界は映画ではないから、前を向いたジョーダンを、みんなが拍手とハグで迎え入れたわけではない。非難の声は消えなかったが、薄らいだ。そしてうっすら残った非難を塗りつぶすほどに、**本質を見せたジョーダンを受け入れ、応援する人たちがたくさんいた**。

シスコシステムズのCEO（当時）、ジョン・チェンバースもその一人だ。シスコ急成長の立役者、就任5年で株価を60倍にした剛腕経営者だ。

「彼は僕と会う時間をとり、話してくれたんだ。ビジネスとスポーツは、本当に、とんでもなくよく似てるってね。『シスコの経営だって、いいときも悪いときもあるのが現実だ。問題は、そこからどう立ち直るか。失敗から何を学ぶか。そして、**失敗する前よりもどれだけ強くなるかだ**』って」

こう語るジョーダンは、確かに強くなった。

1年後、2013年1月1日、全米カレッジ・フットボール最大の試合、ローズ・ボウル。ウィスコンシン大学との試合で、彼は鮮やかにキックを決めてチームを勝利に導いた。
ジョーダンはスポーツ選手として成長しただけではない。心理学の学位を取って卒業し、今ではシスコの若手リーダーとして活躍している。
弱さを抱え、それをさらけ出す強さを持った、堂々と歩みを進める「オーセンティックなリーダー」として。

＊＊＊

ジョーダンはフィエスタ・ボウルの事件後に私の授業を受けるようになり、「トラウマ、ヒーリング、再生」という過去に犯した自分の失敗を見つめる課題で、この出来事についてのビデオを制作した。

ビデオによれば、翌シーズンのローズ・ボウルで成功し、再びヒーローになったことは、彼が立ち直った理由ではない。**自分の弱さを認めたことが、彼の新しいスタートになった**のだという。

「先生の授業で、僕は誰もが抱える弱さに気がついたんだと思います。それまでは傲慢だったし、まわりの人の痛みにも鈍感だったと思う」

彼がこう語るのもよくわかる。花形選手で、まだ大学生の若さだ。厳しいトレーニングと華やかな賞賛に囲まれた日々で、自分の内面の弱さを見つめたり、他者に共感したりすることは難しい。

だが、失敗を味わい、弱さを認めた彼は、卒業後はプロ選手へのスカウトを断り、リーダーとしての道を歩み始めている。つらい経験を通して他者のことも気にかけられるようになったとき、自分が本当にやりたいこと、やるべきことに気がついたのだろう。

先導者としての土台を築く「オーセンティック・リーダーシップ」

「スポーツ特待生」を授業に出席させる方法

出席する学生が多い大きなクラスの場合、通常スタンフォードの授業は出席できない学生のために録画されている。文武両道の大学ではあるが、スポーツ選手の中には練習時間を確保するために録画された「ビデオ授業」で学び、レポートを出す者もいる。

タイラー・ギャフニーもその一人だ。

カロライナ・パンサーズに指名されてプロ入りしたアメリカン・フットボールの選手で、ニューイングランド・ペイトリオッツ、ジャクソンビル・ジャガーズなどNFLで活躍。選手生活では外側半月板損傷など怪我に悩まされたが、現在は野球に転向し、メジャーリーグ昇格を目指してマイナーリーグで外野手としてプレイしている。

それもそのはず、学生時代のタイラーはオール・アメリカにも選ばれたアメフトの花形選手であると同時に、野球部でも活躍していたのだ。それだけに在学中から多忙を極めていた。

ところが彼は、なぜか私の授業には出席していた。そして課題のジャーナルに、こんなことを書いていたのだ。

――僕はあまり授業に出ない。ビデオ授業があるからだ。それなのに先生の授業に出ているのは、**先生がauthentic（オーセンティック）だったから。先生が「教師」ではなく一人の人間として教室に来てくれたから**だ。僕も同じように、「スポーツ選手」ではなく一人の人間として、授業に出ないといけないと思った。

これは教師としてとても嬉しいメッセージであり、心理学者としても手応えを感じる言葉だった。

「オーセンティック」とはどういう状態か

「authenticity」の語源はギリシャ語のauthentikosだ。英語だと作者や創造者はauthorだし、権威がある人はauthority。authentikosからは、原型（original）、最初のもの（primary）といった言葉も派生している。

最近は心理学でもよく使われる用語で、リーダーシップ論でいうところの「オーセンティックになる」とは次のような定義となる。

- 「本当の自己（感情、考え）」を知る
- 「本当の自己」を積極的に、包み隠さず表現できるようになる
- 自分の人生の創造者として、「自分の人生のリーダー」になる
- 「信念」に基づいて行動する
- 人から信頼され、頼りにされる

タイラーは、私が「教師」という役割ではなく、スティーヴン・マーフィ重松という「本当の自己」「一人間」として教室にいたことで、私を信頼してくれたのだと思う。

私がありのままでいたことが、彼を授業に出席させる説得力の源泉となったのである。

人との関係性を築くには、コミュニケーションが大切だといわれる。

しかし、**コミュニケーション以前に、自己を知り、ありのままの飾らない姿——オーセンティックな状態——で相手に向き合うことが大切なのではないか**。そうでなければ、人は動いてくれないのではないか。

彼のジャーナルをきっかけに、私は改めてそう感じた。

本章では、まずはあなた個人としてオーセンティックになっていただきたい。「本当の自己（感情、考え）」を知り、積極的に表現し、自分の人生のリーダーになってほしい。

また、一個人としてオーセンティックになるとは、チーム・リーダーになるための土台づくりでもある。**オーセンティックな人は本当の自分、ありのままの自分を表現するので、嘘や気取りがなく、まわりの人々に信頼感をもたらす**ためだ。

信念を持ち、自分の人生のリーダーとなれば、堂々と振る舞えるので、その姿には説得力があり、人とチームを自然に惹きつける。まさに「ついていきたい求心力のあるリーダー」の土台が形成される。

「リーダーが一個人として堂々と振る舞う」→「部下は、『このリーダーは上下関係という役割を外した生身の人間として接してくれている』と感じ、『ついていきたい』と思う」

ビジネスリーダーに当てはめると、このようになるだろう。

オーセンティックという土台をしっかりと確立し、そこに3章から紹介する3つのリーダーシップを搭載すれば、最終的には「エゴと謙虚」「アグレッシブとパッシブ」のバランスがとれた、本当に強いアサーティブ・リーダーになれる。

このリーダーシップを磨く「具体策」

一個人としてオーセンティックになることは、リーダーになるための土台づくりだ――こう述べても、「じゃあ、いったいどうすればいいのか？」と戸惑うだろう。

そこで本章では、**心理学の知見に基づいたオーセンティック・リーダーシップを磨く「5つの方法」**をお伝えしたい。

①「弱さ（vulnerability、ヴァルナビリティ）」を認める
②「役割性格」を越える
③「人」と比べない
④自分の「生涯の大きな目的」を見つける
⑤「超・集中状態」になる

あなたは①から④を見て、「よくあるビジネス書の精神論だ」と感じるかもしれないが、

どれも心理学に基づいた社会科学的なアプローチだ。

そもそもビジネス書の多くは、心理学を応用してできている。そのこと自体は心理学が一般に利用されるという「プラス面」だが、わかりやすさだけを追求して応用しすぎた結果、根拠のない精神論に変化してしまったという「マイナス面」もある。

そこで本書では、しっかりと社会科学に基づいた心理学の研究データも提示したい。

そして⑤は、自然科学分野の脳科学の研究に基づいている。

「科学」は自然科学と社会科学に大別されるのは前述の通り。自然科学はいわゆる「理系」で、社会科学は「文系」だ。そして「心理学×脳科学」はアメリカの最新トレンドである。

余談ながら、人工知能やVRの開発においても、「コンピュータ・サイエンス×心理学」の組み合わせが必須とされている。たとえばラリー・ペイジとセルゲイ・ブリンはスタンフォードで出会いグーグルを生み出したが、彼らを指導した計算機科学者のテリー・ウィノグラード教授は、人工知能の研究にいち早く心理学の知見を取り入れていた。

自然科学と社会科学、コンピュータと人の心。

こうした一見まったく違うものでも、研究に必要となれば自在に組み合わせるのは、枠にとらわれないスタンフォードの流儀である。本書もそれに倣って、「心理学×脳科学のアプローチ」から取り組んでいこうというわけだ。

さて、前置きが長くなったが、**5つの方法は「自己を知る」ためのものだが、この5つは結果として「他者を知る」効果もある。**ピアス博士が教えてくれたように、「自己」を知れば「他者」もわかるためだ。

他者がわかると「コンパッションな共感」ができるようになるので、部下の気持ちを理解したうえで解決策や目的、そして行動を示せるようになる。こうして、リーダーシップはますます高まっていくのである。

5つの方法は、連動している。一つの方法がうまくいけば、もう一つの方法もうまくいき、全体としてオーセンティック・リーダーシップがより高まっていく、という具合だ。

先人「ビル・ジョージ」の教え

オーセンティック・リーダーシップ研究の第一人者は、ハーバード大学教授でリーダーシップ論を専門とするビル・ジョージだ。世界的な医療機器メーカー・メドトロニックの元ＣＥＯで、リアルなビジネスを知り尽くした人物でもある。彼の著書『Authentic Leadership』（邦題：『ミッション・リーダーシップ』生産性出版）はベストセラーとなった。

ビル・ジョージの教えは、**「リーダーそれぞれの個人的な経験や性格（＝本当の自己）を土台とし、自分に合うリーダーシップ・スキルを身につけ、〝自分らしいリーダー〟になるべきだ」**というものである。

彼の考えには批判もあった。「もしもリーダーの『本当の自己』が悪だったらどうするのか？　いいリーダーになるわけがないし、チームを悪で支配してしまう」というのだ。

これについて彼は「その心配は不要だ」と反論しているが、私も同じ見解だ。彼は、**「本当の自己（authentic self）は、誰もが善である」**と定義している。

生まれたときは善だった自己が、育ち方や経験など、人生の過程で傷ついたり自己防衛的になったりして、悪い振る舞いをしてしまう。

たとえば、次のように考えてほしい。

- **なかなか人を信用しないAリーダー**：Aさんは生まれつき人を信じない性格なのではない。若い頃に裏切られた経験があり、また裏切られるのが怖いのかもしれない。
- **独断で物事を進めてしまうBリーダー**：もともとわがままなのではない。Bさんは、誰にも相談できない環境で長く働いてきたのかもしれない。

薄皮を剥がすように、悪い振る舞いに隠された本来の誠実な自己を再発見しよう。そうすれば、私たちはみな「誠実な自己」というオーセンティックな土台を手に入れることができる。その土台の上に、自分の個性に合うリーダーシップ・スキルを身につけていこう、というわけだ。

「自分の弱さ」を受け入れる——優れたリーダーがみな、やっていること

偉大なる練習の虫「ロイ・ハラディ」

オーセンティック・リーダーシップを身につける5つの方法のうち、真っ先に取り組んでほしいのが**「弱さ（ヴァルナビリティ）を認めること」**だ。

チームを運営するために「弱さ」を用いる方法については、次の3章で述べる。

2章ではその前準備として、自分個人として自分の弱さを認められるようになり、オーセンティック・リーダーシップを磨いてほしい。

「弱さ」について考えるとき、私の心に浮かぶのはあるニュースだ。

この本を書き始めた頃、一人の野球選手の死が報じられた。

ロイ・ハラディ。誰もが口をそろえて「超一流アスリート」と讃える彼は、２０１０年に初出場したポストシーズンのゲームでいきなりノーヒットノーランを達成するなど、トロント・ブルージェイズとフィラデルフィア・フィリーズで活躍した、２０００年代のメジャーリーグを代表するピッチャーだ。

40歳になった彼は念願の自家用機を手に入れ、自身で操縦中、メキシコ湾に墜落して亡くなった。彼は生前、自身のツイッターにこんなメッセージを残していたという。

"Courage is not being fearless but rather acting in spite of the existence of fear."

恐れ知らずでいることが勇気ではない。**恐れがあっても行動することが勇気**なのだ。

私はこの報道で、彼は大リーグのスーパースターであると同時に、「弱さを受け入れる勇気」を持った本物のリーダーだったと感じた。

ハラディはどれだけ良い成績でも慢心せず、毎年1年のトレーニング計画を緻密に立て、必ず実行していた。それは彼が「自分は練習しなくても強いわけじゃない。怠ければ失敗する弱さを持っている」と考えていたからだと私は感じる。自分の弱さを受け入れる勇気が、彼をいっそう強くした。だからこそ、度重なる怪我を克服して200勝を達成できたのだし、彼の真摯な姿勢に大勢の人が胸を打たれたのではないだろうか。

同世代の誰よりもリスペクトを受けた偉大な選手の背番号「32」は、ブルージェイズで永久欠番となり、2019年には野球殿堂入りを果たした。

弱さが「強さ」に変容する

自分の「弱さ」を認めると、それが強さに変わる——これは私自身の経験でもある。

アメリカ人の父と日本人の母の間に生まれた私は、子どもの頃、「日本人」だった。アメリカの白人の子どもばかりの中、「みんなと一緒」ではなかったからだ。ときどき私は「中国人」と呼ばれた。当時のアメリカでは、アジア人はみな同じで、区別がつかない人も多かった。高校生の頃の友人はほとんど黒人だったが、自分が「黒人ではない」のはわかっていた。

日本で暮らした20代の頃、日本人たちは私を「日本人ではない」と見なした。たぶん、「外見がみんなと一緒」ではなかったからだろう。

いつも私は「みんなと違う」という気持ちを抱えていたし、「みんなと同じでありたい」と願っていた。その感覚はたまらなく居心地が悪いもので、私は世界で一人ぼっちになった気がした。

そんな40年近く前のある日、祖母が私に**「金継ぎ」**の話をしてくれた。壊れた器を修復する15世紀に生まれた日本の伝統的な手法で、欠けやひび割れを隠すかわりに、漆に蒔《ま》いた金粉で美しく装飾する。傷が逆に価値を生むのだ。

私にはこれが、人間を表しているように思えた。**人生でいくら傷ついても、傷を隠すのではなく「自分の大切な部分」にできる**。壊れた部分を、目立たないようにする必要はない。それは美しさと強みなのだから。

アメリカでは今、金継ぎがアートとして人気を集めているが、「内に秘めた弱さや違いを美しく表す」という金継ぎの力強さに、多くの人が惹かれるのだろう。

「自分という存在」を受け入れることこそ、オーセンティックになる術だと、私は悟った。

「これが私だ！」と受け入れ、堂々と振る舞うことが、自由への道なのだ。

人はみな長い期間、内側に「違い」を抱え、本当の自分を表現しようと苦闘しているが、「弱さを含めた自分」を自身が受け入れれば、他者にも受け入れてもらえる。

事実、私が弱さをさらけ出したとき、まわりの人は**「取り繕いのない、常に本心でいてくれる存在」**だと見なしてくれた。

不完全で、間違いをおかしやすい人間。それでもより良くなろうと努力を続ける人間。

私がそんな自分を認めれば認めるほど、人は私を信頼してくれるようになった。

弱さと本質（authenticity）は、リーダーシップに欠かせない価値である。

そして、弱さを認め、自信が宿ったとき、人は「オーセンティック・リーダーシップ」を発揮できる。

「見せてもいい弱さ」を見せてしまう

オーセンティック・リーダーシップを身につけるために、「弱さを認めること」は有効だ。完璧ではない人間同士として、相手とつながることができる。

ただし、あなたが実際にリーダーの役割で、チームメンバーや部下に対して自分自身の弱さを見せる場合は、ちょっとした注意が必要だ。

弱さを正直に見せるといっても、**「すべて」をさらけ出してはいけない**。弱さの見せ方を工夫しよう。

役割として実際にチームを率いている人がアサーティブ・リーダーになる場合は、加減が必要だ。

たとえば、トラブルが勃発し、プロジェクトが駄目になりそうなとき、リーダーが「私も不安だ」と**ありのままの弱さを見せるだけではいけない**。

同じケースなら、まずは「私も不安だ」と弱さを表に出すことで、チームメンバーがひそかに抱えている不安や問題点を、気兼ねなく言いやすいようにしよう。そうすれば問題点が表面化してより多くの情報を共有でき、チームとしてトラブルを解決できる可能性が高まる。そのうえで、「私も不安だが、このように行動しよう」というストーリーを提示する。これがオーセンティック・リーダーシップを発揮するということである。

過去の失敗やコンプレックスも、リーダーの役割であったら全部オープンにはしないほうがいい。「失敗やコンプレックスがあっても、そこから学ぶものがあってこういうふうに前進できた」という**チームを導くような結論を示して、弱さを起点に成長のストーリーを描こう**。

役割を越えて「生身の人間」になる

人は誰もが「ただの人間」

オーセンティック・リーダーシップを身につけるための第一の方法とはいえ、弱さを認めることは勇気がいる。

実際のところ、「弱さを認め、さらけだそう」と教え、それに慣れているはずの私でさえ、授業のたびにほんの少し、緊張する。慣れていないリーダーなら、いきなり「自分の弱さを見せろ」と言われた瞬間、「そんなこと言われても」と思うかもしれない。

私個人としては、授業のたびに「本当にオープンに自分をさらけ出さなければいけない」と、気持ちを新たにすることで、自分の弱さを見せられるように心を整えている。最初から正直にオープンに、**「自分は教師であると同時に、ただの人間だ」**と思うようにしているのだ。

「役割性格」を越える

どうしても「弱さを見せ、無防備になるのが難しい」というリーダーは、オーセンティックになる第二の方法、**「役割性格を越える」**を試してほしい。

「役職ありきで自分をとらえている」というリーダーは多い。1章のスタンフォード監獄実験で説明した、「役割」に自分を乗っ取られているのだ。

たとえば、こんな人があなたのまわりにもいないだろうか？

――ある会社は入口に警備員がいて、社員はみな、IDを見せる決まりになっている。例外は社長で、ワンマン経営者である彼は顔パスだ。自分の会社で身分証を見せるなどあり得ない。警備員も自分が雇っているスタッフなのだから、顔を知っていて当然、というわけだ。

ある朝、いつもの警備員が研修のため、代理の警備員が入館チェックをしている。代理の警備員から見れば、社長もたくさんいる中年の社員の一人にしか見えない。

そこで「IDをお願いします」と声をかけたところ、その社長は激怒した……。

一人の人間ではなく、つねに「課長として、部長として」語っていたら、弱さなどさらけ出せないだろう。そうなると、オーセンティックから遠ざかってしまう。偉い人として「ポジショントーク」をしてしまうのだ。

ところが、まったくオーセンティック・リーダーシップを身につけていないリーダーに限って、自信満々で「自分は影響力のある良いリーダーだ」と信じていたりする。

こういう人は自己評価と他者評価がばらばらなので、チームのメンバーは「ひどいリーダーだ」と思っている可能性がある。放っておけば、「我が道を行って、ふと振り返ると誰もついいてきていない」という悲惨な結果になりかねない。

強く振る舞う人が強いわけではない。人は弱さを抱えているからこそ、弱さを隠したがる。仕事のスキルやポジション、お金や交友関係の豊かさで、弱さを守ろうとする。

だが、そうした自分を守る鎧——役割もその一つ——を脱ぎ捨てると、本当の自分が見えてくる。オーセンティックになるチャンスが訪れるのだ。

もしもオーセンティックであれば、たとえ社長でも会長でも、時と場合に応じてすぐに役割性格を越えられる。自分はたまたま社長というポジションだが、弱さを抱えたみんなと同じ人間だと心得ていれば、妙なプライドを振りかざすことはないだろう。

また、役割性格は「偉い役割」の人だけがとらわれるとは限らない。**どんなことでも、役割性格は存在する**。

あなたも、上司だから、年上だから、若いから、男性だから、女性だから、顧客だからという理由で「特別扱い」を要求していないだろうか？　「違い」を認めて主張するのはいいが、だからといって「自分は特別」と思えば、役割性格や社会的なポジションがあなた自身を覆い隠してしまう。

では、どうすれば自分を守る鎧を脱ぎ捨て、役割性格を越えられるのだろうか？

その鍵は、**「ビギナーの心」**にある。

「ビギナーの心」を持つ

たとえばあなたがコンピュータ・ソフト会社で働いていて、素晴らしいシステムを開発したとしよう。会社の規模を拡大するような大きな商品となり、社内外から高く評価される。そこで自信を持つのは素晴らしい。

だが、**「私はすごい、完璧だ」という思い込みにとらわれたら、危うい。**

「自分は１００％に達している」と思った人は、もう成長できない。

同じことをしても「自分はまだまだ」と思える人は、もっと成長できる。

自信を持つことは大切だが、自信が過信に変わると、オーセンティック・リーダーシップは失われてしまうのだ。

「自分はまだまだ」――これは**「ビギナーの心」を持ち続けているという状態**だ。

「たとえ素晴らしい成果を出しても、年齢を重ねても、ポジションが高くても、**自分は全部を知っているわけではない**」と思えること。

「私の部下は、まだ成果を出していないし、若い。でも、**この人が知っていて、自分が知らないことはある**」と相手を認めること。

この前提があれば、わからないことを「わからない」と言い、人に尋ねることができる。

人に聞けば教えてもらえるから、リーダー自身、さらに成長できる。

そして、リーダーがビギナーの心を忘れず、「わからない、知らない」と素直に尋ねれば、チーム一人ひとりに「この人も完璧ではない一人の人間なんだ」というメッセージを送ることになる。そうして**「役割を外して、そのままの自分で接してくれている」というリーダーの人間味が伝わると、部下との間に信頼が生まれる**ものだ。

スティーブ・ジョブズは本来「知りたがりや」な性格で、自分より物知りだと思う相手は質問攻めにしたという。

たとえばスタンフォード大学学長だったドナルド・ケネディが主催した昼食会では、隣の席のポール・バーグ博士を質問攻めにしたと評伝（『スティーブ・ジョブズ』講談社）に書かれている。バーグ博士はノーベル賞を受賞した生化学者だから、ジョブズもビギナーになれたのだ。

ところが彼は、コンピュータとアップルという自分が創業した会社については「知り尽くしている」と思い込んでいた。ビギナーの心を忘れ、自信過剰になって突っ走った。

その結果として1985年、創業者にもかかわらずアップルを解雇されたことは有名な話だ。

彼は1996年にアップルに復帰するが、そのときはわからないことは聞けるようになっていたという。それがアップル全体の創造性につながり、アップル復活とリンクしているのはいうまでもない。ビギナーの心を取り戻したことが、アップルを時価総額世界ナンバーワン企業に引き上げるまでの成果を生み出したのだ。

2005年、ジョブズはスタンフォードの卒業式でのスピーチで、**「この解雇は僕の人生で、最高の出来事だった」**と述べた。解雇から復帰までのおよそ10年は、彼の人生において、一番クリエイティブな時間だったに違いない。解雇されていた間、彼は軽やかなビギナーの心で生きることができたのだろう。

あなたもうまくいっているときこそ、そしてどんなシチュエーションであっても「ビギナーの心」を思い出してほしい。

「他者との比較」を断ち切る——あくまで「自分」

自分でない「誰か」が基準になっている

オーセンティック・リーダーシップを身につける第3の方法は、**「人と比べないこと」**だ。

〝ほかの人より優れているか／劣っているか〟〝ほかの人よりお金持ちか／貧しいか〟など、

「比較の呪縛」から逃れて、ありのままの自分、本当の自己（考え・感情）を知ることは、オーセンティックになるのに欠かせない。

簡単な例でいえば、全体と比べて偏差値などで自分をはかる〝相対評価〟ではなく、個人をはかる〝絶対評価〟にするとよい。実にシンプルなことに思える。

ところが、これを実際にやろうとすると相当に難しい。**理由は、私たちはもともと、人と自分を比べるようにできているため**だ。

心理学の基本から、この傾向について見てみよう。

自分が「損」をすると他人が憎くなる

群集心理学の研究で知られるウィルフレッド・トロッターによると、古来、集団心理は**「きょうだいの間」**で生まれる。

子どもが複数いる場合、両親は、どの子どもにも同じように愛情を注ぐ。すると子どもたちは「弟と同じように僕もお母さん、お父さんに愛されている」と思うように仕向けられ、〝きょうだいという集団〟ができる。ところがお兄ちゃんは、どうも生まれたばかりの弟のほうが可愛がられていて、自分には同じような愛情が注がれていないと感じる。

これが、「嫉妬」の始まりだ。

学校でも、「先生はクラス全員を同じように好きだ」というのが〝クラスという集団〟の建前だが、それは現実としてありえない。

「先生は勉強ができるあの子ばかりひいきする」と不満が生まれる。本来は同じように扱われるべき同じ集団のメンバーなのに、「ひいきされるあの子」が憎くなるのだ。

では、先生に公平さを自覚してもらい、「同じように扱ってほしい」とクラスが一致団結するかといえば、そうはならない。

「自分たちがひいきされていないのだから、あの子もひいきされるべきではない」

集団はこう考える。誰か一人がパンをもらっていたら、みんながパンをもらえるように考えるのではなく、**全員がパンをもらえないようにするのが公平**だと思うのだ。

これがいい方向にいけば平等な共同精神となるが、**根っこには「みんな同じでないと不公平」という、相手を引きずり下ろすような嫉妬心がうずまいている**というのが、トロッターの分析である。

それでも比べてしまったら？

この残酷な人間の習性を、会社という集団に当てはめてみよう。

「Aさんばかり大きなクライアントを任されてずるい。私は小さなクライアントばかりなのだから、Aさんも同じようにすべきだ」

こう思ったBさんがいたとしても、現実としてその〝公平さ〟は果たされない。なぜなら、AさんとBさんは違う個性と能力を持つ人間だ。また、個性や能力以外にも担当を決める要因はあるし、仮に全員が同じようなクライアントを担当したら、仕事にならない。

同期でも同じ部署でも同じくらいの能力でも、評価はまた別のものだ。

成果を出した人と自分を比べても意味がない。学歴、頭の良さ、ルックスを比べ「あの人は要領がいいのか、運か、ずるいことをしているのか」と考えても答えは出ない。なぜなら、**あなたとその人は違う人間だから**だ。

自分が成功したいのなら、人と比べるのをやめて、本当の自己を知ってオーセンティックにならなければ、何も始まらない。

あなたがどんなに優れていても、世の中には必ずもっと優れている人がいる。だからこそ、ビギナーの心を失ってはならない。

それに、あなたより優れていない人を見つけて、いびつな優越感にひたったとしても、あなたが成長するわけではない。

誰とも比べる必要はない。あなたはあなただ。小さくてもあなただし、大きくてもあなただ。あなたが賢い人であなたよりもっと賢い人がいたとしても、あなたの賢さが揺らぐことはない。

あなたも心の中で、こっそり誰かと自分を比べたことがあるだろう。

「意味がないから、やめたほうがいい」と思ったこともあるかもしれない。それでもみな、多かれ少なかれ、人と自分を比べてしまう。それもまた、人間が持つ「弱さ」だ。

だから、**正直になることが重要だ。「人と比べてしまう自分」という弱さを認めることが、人と比べなくなる第一歩**だと私は思う。

「比べている」と気づいたら、いったん「やはり他人と比べてしまうんだな」と自分の弱さを認め、受け入れよう。そのうえで、「人と比べても自分を知ることはできない。オーセンティックになれない」と、自分に言い聞かせてほしい。

「自分が成し遂げたいこと」を持つ

「目的」があるとないとでは全然違う

4番目の方法、**「生涯の大きな目的を見つける」**は、**人と比べてしまうという弱さや嫉妬の毒を、うまい具合に消してくれる。**

「同期のAさんが最近、担当した商品について取材され、ネットですごい反響があった。優秀だとみんなにいわれて、Aさんには昇進や面白い仕事のオファー、他社からのスカウトなど、チャンスがたくさん来そうだ」

そんなふうに人と比べてしまったら、本当の自分を見失い、嫉妬の毒でオーセンティックから遠ざかる。そんなときは、**「私が成し遂げたい大きな目的はなんだろう？」**と自問してみよう。

「私の目的はなんだろう？」

このシンプルな質問には、驚くほど効果がある。

「私の目的は、『10年じっくり売れ続ける商品を開発すること』だ。ウェブマガジンに取り上げられることでも、大ブームになることでもない」

そう気がつけば**「自分は自分、人は人」**という事実が浮かび上がる。誰とも競わず、自分の目的に集中できる。そうすると、オーセンティックな人間に近づける。

個人としては、自分の人生における大きな目的を見つけるといい。「あの人のほうがお金持ちだ」と一瞬思っても、立ち止まろう。

「私の人生の目的は、充実した仕事をし、パートナーとともに子どもを元気に育てることだ」と自分の目的を確認すれば、「お金がたくさんあればいいわけではない」とわかる。

〝すべきこと〟がわかっているメンバーは「2％」

ビジネスリーダーであれば、**チームの目的を確認するのも役割のうち**だ。

「うちのチームの目的は、生産効率を高めるシステムを開発すること」

そのようにチーム内で確認できれば、隣のチームが話題の新システムを開発しても、自分たちの目的に集中できる。リーダーにはチームを導く役割があるのだから、目的なしで部下を率いるとは、地図もスマホも持たずに道案内をするようなものだ。

こんな事例がある。

ビジネス誌『Ｉｎｃ．』が、６００社の幹部を対象に、「『何をしなければいけないのか』という会社の優先事項上位3件を知っている社員は、全体の何％になると思うか？」という調査を行ったところ、幹部たちの答えの平均値は「64％」だったという。

では、実際に社員たちはどれくらい優先事項を把握していたのだろうか？　調査の結果、きっちりと答えられたのは、**社員全体のわずか「２％」**だったという。

つまり、**目標ややるべきことをわかっているメンバーは、リーダーが思っているよりは**

るかに少ないのだ。したがってリーダーは「目指すべき到達地点」をより頻繁に共有して、チームに浸透させる必要がある。

チームを変革してリードする方法については後述するが、ここでは先導者として、リーダーは「自分の目的」を持つことに加えて「チームの最終目的」も確認する必要があると覚えておいてほしい。

介入は「小さく、頻繁」に――すると目標が「浸透」する

チームとしても個人としても目的を持つことは重要であると同時に、厄介な落とし穴がある。**「インポスター症候群」**だ。これは1970年代に臨床心理学者ポーリン・ローズ・クランスが定義した言葉で、「imposter」とは「詐欺師」を意味する。

なにやら物騒な名前だが、はたしてどういう状態なのだろう？

インポスター症候群とは、**自己評価が著しく低い心理状態**を指す。**パフォーマンスを著しく低下させてしまう、非常に厄介な感情反応**だ。

あなたはこんな気持ちになったことがないだろうか？

たとえば、「目標数値を達成する」「プレゼンで成功する」「リーダーに抜擢される」など「目的を果たした」としても、それを自分で「よくやった！」と認められない。

あるいは、「私は大した人間じゃない。本当に優秀なわけでもない。それなのに、社歴が長いからか、リーダーになった。まるで詐欺をしているみたいだ」と感じる。

だから人にほめられても、すぐに否定する。

「たまたま、運が良かったんです。それに○○さんの助けがありましたから……」


極度な謙遜が癖になっている人も、インポスター症候群かもしれない。心理学的に見るとその根本には、**「自分にはつながりがない」という帰属意識の欠如、目標を達成できなかったりしたことに端を発する「十分じゃない、本物じゃない」という自信の欠如がある**といわれている。

インポスター症候群の人がリーダーに抜擢されて働く場所や状況が変わると、「適応できない」と不安になってしまうこともあるから、リーダー役はつらいだろう。

それに、インポスター症候群の人は自己評価が低いので、どんなに頑張っても自分で自分を認められない「完璧主義」なことが多い。だから休日も潰して自宅で仕事をしてしまったり、働きすぎたり、失敗を恐れて新たな挑戦をしなくなったりする。働き方改革に逆行する、「長続きしない、いつ潰れても不思議ではない、ギリギリまで頑張る働き方」となるから、これはきつい。

インポスター症候群は、一般に男性より女性に多く、平均より能力が高くて優秀な人に

多いといわれる。本当はできるのに、それを自分で認められないから、チャレンジ意欲が削がれ、やがてせっかくの能力が頭打ちになる。

インポスター症候群について、スタンフォード大学心理学科のグレゴリー・ウォルトン准教授の研究がある。彼の研究によれば、インポスター症候群に陥っている人を、一人で悩ませておいてはいけない。

たとえば、**誰かがちょっと話を聞いてあげただけで（小さな介入）、不安から解放され、パフォーマンスが向上する**というのだ。

「自分の仕事は、自分にも人にも意義がある」という目的意識を与えたり、帰属意識を高めたりすることがインポスター症候群から脱出する鍵だという。その意味でも、リーダーとチームメンバーが「共通の目的を持つ／確認する」ことはやはり重要といえる。

だが、リーダーであるあなた自身がインポスター症候群であれば、誰かに介入してもらうのは難しい。なぜなら日本ではまだ、コーチングやカウンセリングを受けることは一般的ではないからだ。

そこで別のアプローチが必要となってくる。**「脳の可塑性を高め、自分で自分に自信を取り戻す」という、自然科学の研究に基づいた自分を変える方法**だ。

これは、「精神論」ではない

「成人の脳」が変わった

ここまで、オーセンティックになる方法を4つ紹介してきた。

①「弱さ（ヴァルナビリティ）」を認める
②「役割性格」を越える
③「人」と比べない
④自分の「生涯の大きな目的」を見つける

「弱さを認める」「役割性格を越える」「人と比べない」「自分の『生涯の大きな目的』を見つける」――いずれの方法も、まず**「変われる」と信じることが第一歩**となる。

このように書くと、あなたは反発するだろう。「そんなものは、ただの精神論ではないか」と。

ところが最近の脳科学で、これには**科学的根拠がある**ことがわかった。それがこれから説明する、オーセンティック・リーダーシップを身につける5つ目の鍵、**「脳の可塑性」**だ。

何かを経験し、習得し、できるようになるとは、脳が学習して記憶を保持するということにほかならない。たとえば子どもが自転車に乗れるようになるのは、手足や体幹をどのように動かせばいいかを脳が学習し、「できるパターン」が脳に刻み込まれたからだ。

これは新しい概念ではなく、1800年代から議論されていた。ただし長い間、学習によって能力を獲得していく「脳の可塑性」は幼児期から若年期に限定されると考えられていた。

ところがｆＭＲＩ（磁気共鳴機能画像法）が開発され、脳の内部を視覚的に観察できるようになったことで、この説は覆される。**成人の脳であっても「環境」「行動」「思考パターン」「感情」によって、身体的にも機能的にも「脳が変わる」ことがわかった**のだ。

もちろん、大人の脳の可塑性は幼児期から成長期ほど活発なわけではないが、何歳になっても脳は変化できることに変わりはない。

思考や感情、行動で脳が変わる――それなら「変われる」と考え、信じ、そのための行動を起こせば、科学的に見ても「変われる」ということになる。

グーグル、ヤフー、アップルも行う「自己改革法」

脳の可塑性を高める方法の一つが、**「マインドフルネス」**だ。

生物学者のジョン・カバット・ジンが開発した「MBSR（マインドフルネス・ストレス低減プログラム）」を科学的に検証したところ、**マインドフルネス状態にあるとき、脳の可塑性が高まっている**ことがわかった。

マインドフルネスとは、意識を今に集中させ、自己と他者を理解して受け入れ、感謝を抱いてつながりを感じ、欠けたところのない全体になるという状態だ。**単なる瞑想と混乱されることもあるが、それはマインドフルネスとは違う。マインドフルネスとは、意識を「今、ここ」に集中することであって、瞑想はその一手段でしかない。**グーグルやヤフー、アップルなど数多くの企業でビジネスメソッドとして用いられ、スタンフォードの授業でも行っているのは、マインドフルネスには、脳レベルで自分を変える科学的効果が示されていて、大学側が評価しているからでもある。

マインドフルネスな状態になると、集中力が高まり、自律神経が整い、血圧が下がり、興奮状態がおさまるなど、脳と体に良いことが科学的に証明されているのだ。

「mindfulness」という言葉はパーリ語の「sati」が語源で、satiは「自分の本当の性質に気づき、自分をありのままに見る人」という意味だ。「自己を知る」というオーセンティックな状態に非常に近いといっていいだろう。

図5　「脳レベル」で自分を変える科学的プラン

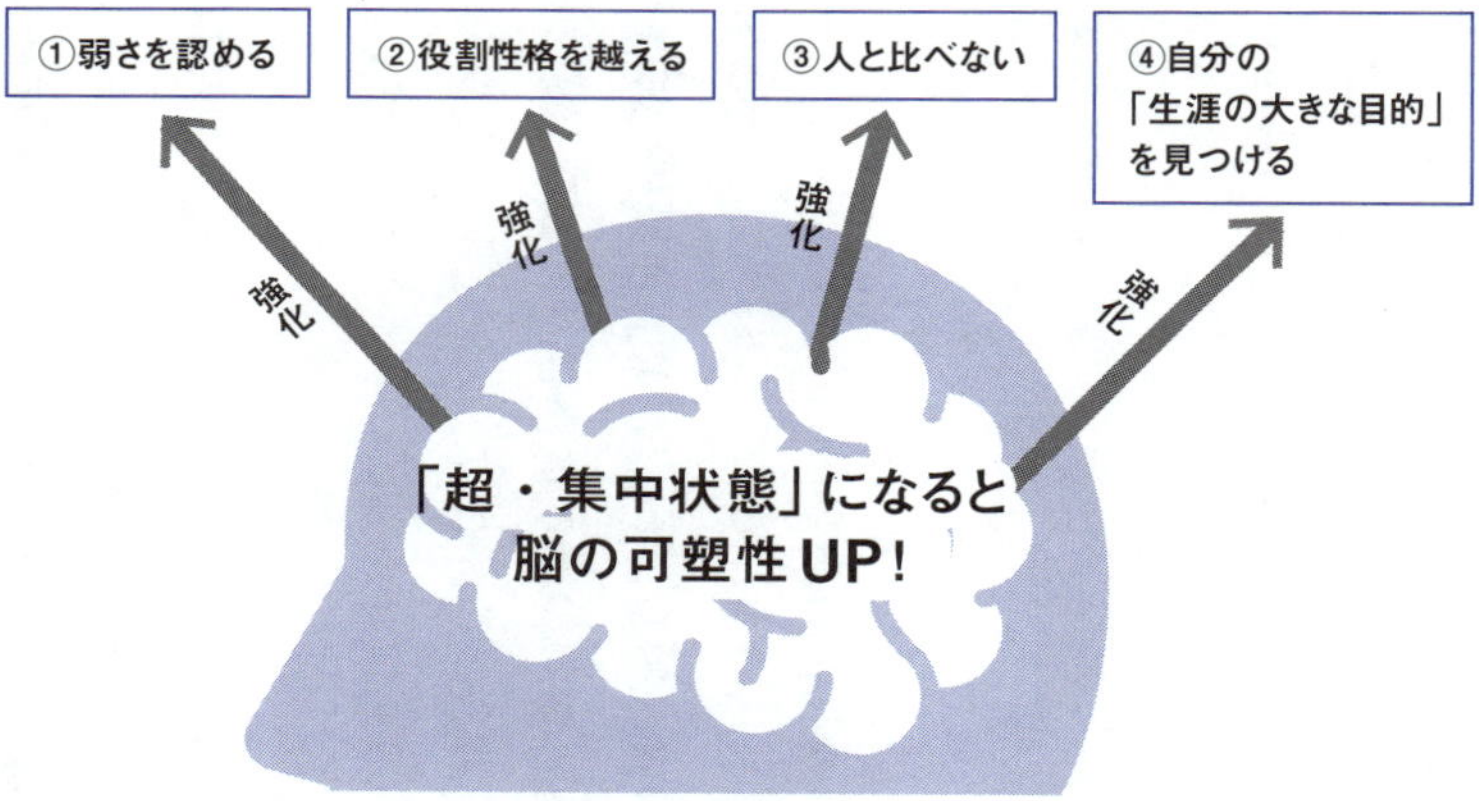

自信がなかったり、何から始めていいかわからなかったり、つい強権的になってしまうリーダーでも、「変わろう」という意識で脳そのものが変わる。

そして、マインドフルネス研究の要素を取り入れた**「脳の可塑性を高める方法」を実践すれば、先に挙げた4つのオーセンティックになる方法を実践した際の効果がより上がる。**

その結果、あなたはオーセンティック・リーダーシップという土台を、より強固につくりあげることができる、という算段だ。

「脳にいい物質」はねらって出せる

脳の可塑性は、私たちが次の「3つの状態」にあるときに高まるとされている。

①集中しているとき
②「やる」と心に決め、一生懸命に活動に打ち込むとき
③脳が十分休息できているとき

デジタル化が進み、情報と刺激が多い現代社会は、集中力を阻害する要素に満ちている。また、忙しいビジネスパーソンの多くは睡眠が不足しており、脳の健康を保ちにくい。集中力がなく、寝不足でふらふらという状態でいたら、それが何であれ、『やる』と心に決め、一生懸命に打ち込む」など、できるわけがない。

だが、この3つの条件――**「集中している／『やる』と決めて一生懸命打ち込む／脳が十分休息できている」――が揃いさえすれば、私たちの脳の可塑性を高める〝スイッチ〟がONになる**。脳の変化に必要なセロトニンなどの神経伝達物質が放出されるのだ。

逆にいうと、私たちが「集中力がなく、気が散っている／やる気がなくてダラダラしている／睡眠不足やストレスでぼんやりしている」という状態になると、脳のスイッチはOFFになる。

あなたは、「私はもともと集中力がないから」と性格のせいにしたり、「別に一生懸命にやらなくていい」と冷めたりしているかもしれない。あるいは、「いつも寝不足なのは仕方ない」と、あきらめているかもしれない。

だが、「たかが集中力、たかが一生懸命、たかが寝不足」と侮ってはいけない。**単なる悪い習慣どころか、「脳のスイッチOFF状態」がデフォルトになってしまう危険があるのだ。**

つねに脳の可塑性を高める神経伝達物質が放出されない状態でいたら、個人としてもリーダーとしても、せっかくの能力が生かせなくなる。

オーセンティック・リーダーシップという土台ができるよう変化をうながすために、脳のスイッチを意識的にONにしていこう。

47%が「集中力不足」

とりわけ現代において、「集中力を高める」ことは脳のスイッチをONにする強力な方法だ。これだけ情報過多で繁忙な時代、**私は集中力を取り戻すことが脳のスイッチをONにする鍵だと考えている。**

つまり、集中力を高めれば脳の可塑性が高まり(もちろん先の②③をないがしろにしてはいけない)、オーセンティックな状態に近づけるのだ。ところが残念なことに、**ほとんどの現代人は、集中力を慢性的に奪われている。**

ハーバード大学の社会心理学者マシュー・キリングワースとダニエル・ギルバートの研

究で、**現代人の47％が集中力に欠けている**とわかった。両博士の研究によれば、ほかのことを考えず、今やっていることに集中している人のほうが幸福度は高い。注意力散漫な人は満たされないということだ。

これはあなたも実感していることだろう。ストレスが多く、デジタルデバイスやSNSなどの注意を逸らす刺激で満ちている中、集中力を保つことは難しい。たいていの人は、「ながら中毒」だ。

たとえば日本のビジネスマンの場合、朝の出勤は電車に乗りながら、音楽を聴きながら、スマホをチェックしながら、考え事までしている。

スタンフォード周辺は自転車や車での移動だが、アメリカの車社会も「ながら中毒者」を生み出している。運転しながらラジオや音楽を聴き、パンやリンゴをかじりながら、信号待ちでスマホをチェックしながら……と、状況は日本とさして変わらない。

この状況で出勤したら、会議に出ながら別の案件のことを考え、こっそりスマホをチェックしながら「疲れた」と心の中で愚痴を言う状態にもなるだろう。集中できなくても、まったく不思議ではない「ながら」に取り憑かれている状況は、**忙しく、タスクが多いほとんどの先進国に見られる現象**だと思う。

「ながら中毒」を加速させているのは、テクノロジーの発展によるところが大きい。

コンピュータによって一度に様々なことをこなせるようになったために、注意力が散漫になっているのだ。

「マルチタスク」で生産性が著しく低下

「ながら」が注意力を散漫にするとはいえ、若い世代には「マルチタスクが得意だ」という人が少なからずいる。

また、多忙なビジネスパーソンは効率を求めるから、あなたも一度に複数のことをこなそうと、「マルチタスク」をするための工夫を凝らしているかもしれない。知覚機能と運動機能は同時に使えるし、その能力はトレーニング次第で高まるという研究もある。

ところが、スタンフォード大学の神経科学者エヤル・オフィル博士はこれに異を唱えている。**「人間はマルチタスクをこなせない。タスク・スイッチング（シングルタスクの切り替え）をしているに過ぎない」**というのが博士の主張だ。マルチタスクの人はシングルタスクの人と比較した場合、**集中力がなく、効率も悪い**ことがわかっている。

脳はそれほど器用ではない。マルチタスクとは同時に複数のタスクをこなしているわけではないのだ。つまり、タスクＡをしながら途中で切り替えてタスクＢをやり、タスクＢ

の途中でまた切り替えてタスクAに戻り、タスクAが終わらないうちに切り替えてタスクCに取り掛かるという具合である。

いくつかのシングルタスクを、やりかけのまま行ったり来たりしながら切り替えているに過ぎない――これがマルチタスクの実態だ。

1960年代から続く心理学の研究では、**「マルチタスクは生産性が低い」**と結論づけられている。

第一の理由は時間がかかること。それぞれのタスクに集中できていないので、結局やり遂げるまでに時間がかかる。

第二の理由は、注意力散漫になっているためにエラーが増えること。ある研究は、**「アメリカ産業界では、マルチタスキングのために年間650億ドルの損失が出ている」**としている。

マルチタスクは集中力を奪ううえに、生産性はおろか、利益まで下げているのだ。

私からあなたへのアドバイスは、**「マルチタスクはやめよう」**。

リーダーとして生産性を上げるためにも、オーセンティック・リーダーシップを身につけるためにも、マルチタスクは百害あって一利なしだ。

「シングルタスク」なら脳が超・集中状態に

マルチタスクをやめて、集中力を高めよう。集中力を高めるための科学的根拠がある方法として、フォーチュン500（『フォーチュン』誌が選ぶアメリカの大企業500）やグーグルをはじめとするＩＴ企業のリーダーが、ビジネスの現場に「マインドフルネス」を取り入れている。

よって私もワークショップをマインドフルネス瞑想から始めることが多い。

こう書くと、あなたは「つまり集中するために瞑想するのか？」と思うかもしれないが、それは誤解だ。たしかに瞑想はマインドフルネスになる一つの方法だが、**唯一の方法ではない**。

私自身は若い頃から興味があったので呼吸法や瞑想法を学び、訓練も受けたので、マインドフルネスになるために瞑想もする。

しかし日本のビジネスパーソンの中に「瞑想を習慣にしている」という人はあまりいないと思うし、そもそも「瞑想は宗教のようで嫌だ」という人もいるだろう。

だが、安心してほしい。瞑想以外にも、マインドフルネスになり、集中力を高める方法はたくさんある。

なかでも私がおすすめしたいのが、マルチタスクの反対**「シングルタスク」**の習慣だ。今すぐにでもできる簡単なものなので、ぜひ実践してほしい。

脱マルチタスクのために、シングルタスクを徹底する。仕事であれば「この30分は企画書をまとめる時間」と決めて、そのほかのことはしない。なるべく人に話しかけられない時間帯を選ぶといいだろう。メッセージのチェックもインターネットもやめて、ひたすら一つのことに集中する。

あるいは、プライベートな習慣として水泳やジョギングをしてもいい。音楽を聴くなどの「ながら中毒の悪いパターン」を断ち切り、ひたすら泳いだり走ったりしよう。ジョギングの習慣を持つ経営者は多い。これだけ流行しているのは、健康志向もあるだろうが、心のケア、ひいては脳に集中力を取り戻すうえでも役立つからだろう。

私は執筆中など、自宅の小さな中庭を歩くことにしている。植えてある大きなシカモアの木を巡るように、ぐるぐると歩き回る。時折休みながら5000歩も歩くと、マインドフルネス、すなわち極度の集中状態になれる。

このように**シングルタスクを徹底して集中力が高まれば、マインドフルネス状態に近づいて脳の可塑性がうながされ、オーセンティックになる土壌が形成されていく**のである。

オーセンティックな素質を磨く習慣

「小さな約束」の大きすぎる力

2章では、オーセンティック・リーダーシップを身につけるための5つの方法をひととおり紹介した。最後に、**オーセンティック・リーダーシップを磨くうえで有効な習慣**を紹介して、この章を締めくくろう。

逆にいえば、**これから記すことと反対の習慣があるなら、いくら5つのオーセンティック・リーダーシップを磨く方法を実践しても身につかない**。周囲からの信頼も損ないかねないので、注意してほしい。

オーセンティック・リーダーは自分らしく振る舞う。そのありのままの姿は人を惹きつけるし、部下の心には「このリーダーについていきたい」という信頼感が生まれる。

こう述べると「単に『立派な人になれ』という話をされても……」と戸惑うかもしれないが、普段の言動によって信頼感を育てる方法はある。

「embodyの習慣」だ。

考えや感情、発言を具体化することを「embody」という。
〝embody a spirit of entrepreneurship〟（起業家精神の体現）といった具合に、思っているだけでなく、具体的に行動に起こして形にするのだ。

言うまでもなく、いきなり起業家精神を形にするのは難しいが、**日常的なことから「言っていること」と「やっていること」、言葉と行動を一致**させていこう。

たとえば私の知人に、電話の途中、何かの用事で切らなければいけなくなったとき、必ずこう言う人がいる。〝I'll call you right back!〟

「すぐに掛け直すよ！」というのは、彼にとっては単なる挨拶や口癖かもしれないが、こちらはしばらく電話を待ってしまうことがあった。

今では彼が言う〝I'll call you right back!〟は受け流すようにしている。重要なポジションに就いていて多忙だから仕方ないと思いながら、彼はとてもいい人なのにと悲しくなる。

これは、友人同士よりも、リーダーとチームメンバーの間でより深刻な問題になる。

上司が「この件は、私のほうから声をかけるよ」と言えば、部下は決して忘れない。多忙な上司が〝この件〟そのものを忘れてしまっても、部下は「いつ声がかかるのか」と待っている。これを繰り返すと、人としての信頼が失われていく。

「embodyの習慣」で大切なのは、**小さな約束を守ること**。

「このレポート、○日までに仕上げておいて」とあなたが頼んだとして、部下が仕上げて提出しているのに、見てもいない、受け取ったと返事もしない、フィードバックもしないとなれば、部下はあなたに境界線を引く。「この人を信じちゃダメだ」と。

「embodyの習慣」が難しいのなら、**むやみに約束をしないこと**だ。

「君の作ってくれた資料、目を通しておくよ」という上司の言葉は、どんなに小さくても部下との「約束」だ。約束を破るとは信頼を損なう行為であり、「あなたは私にとって、どうでもいい存在です」というメッセージを送っているのと同じ。**約束の大小は、関係ない**。

「embodyの習慣」が身につかない限り、オーセンティック・リーダーシップが磨かれることはないと肝に銘じてほしい。

何があっても「時間」を守る

「時間を守る」という基本的なビジネスマナーも、オーセンティック・リーダーシップを磨くための習慣だ。逆にいうと、**時間を守らないリーダーは、オーセンティックとは言い難い**。

私の義理の父は生前、日本で経営者を務め、部下からも厚い信頼が寄せられていた。大学と同じくヒエラルキーがはっきりしている組織の人間だが、どんなときでも時間厳守だった。**「遅いより早いほうがいい。人を決して待たせずにすむ」**が口癖で、この徹底ぶりが彼のオーセンティック・リーダーシップの源だったと感じる。彼は責任感があり、しっかりしていて、信頼できる人だった。

時間を守るとは、オーセンティックを態度で表す行為だ。その理由は二つある。

第一に、時間を守るとは、役割を外した一人の人間として相手に向き合うことだから。**時間の価値は、どれだけ地位が高い人でも新入社員でも等しく同じ**である。時間とは、人間には動かしようがない、みなに共通する唯一の価値といってもいい。だから役割を外して人間対人間の関係を築ける人は、相手の時間を尊重し、決して約束の時間に遅れない。

第二に、時間を守る人は信頼されるから。相手の時間を奪わないように思いやるその姿勢が、「この人はきちんとしている」という実感を部下などまわりの人々に与える。

つまり**時間厳守の習慣を持つリーダーは、「人として誠実であること」「相手を尊重していること」「謙虚であること」を行動で示している**ことになる。

そもそも、自分のタイムマネジメントができない人に、部下のマネジメントはできやしない。

時間にルーズな人の1分は「77秒」

心理学の研究では、いつも遅刻する人には**「時間の認知の歪み」**があることがわかっている。普通の人が1分を「58秒」と認識するのに対して、**いつも遅刻する人は1分を「77秒」だと認識している**という研究もある。これが積もり積もって「時差」が生じてしまうのだ。

だから、いつも遅れる人というのは、なかなか直らない。

加えて、**「自己管理能力は、期限を守れるかどうかに関連している」**という説がある。

いつも遅刻する人は時間の見積もりも甘く、やってみればすごく時間がかかることであっても、「この資料は1時間もあればできる」という具合に、タスクはすぐに終えられると考える。

彼らは大抵「まだ時間がある」と思っており、緊張や不安をあまり感じない。こうして約束の期限は過ぎ、セルフコントロールがますます利かなくなっていく。

生まれつきなのか後天的なものなのかは諸説あるが、時間にルーズな人は一定数いる。

そんな人は、**「アドレナリン・ラッシュ効果」**で時間を守れるようになるかもしれない。**人は決まり通りにタスクを終えたり、時間通りに到着したりすると、アドレナリンが分泌されてある種の快感を覚える。**

あなたも、こんな経験がないだろうか？「今から15分で返信していないメールを全部片づけるぞ！」とタスクを決めて、時間通りにコンプリートすると、とても満たされた気がしたことが。これが「アドレナリン・ラッシュ効果」だ。

アドレナリンは交感神経を優位にし、限界以上の「火事場の馬鹿力」を発揮させる脳内ホルモンだ。スポーツ選手が全力を出したあと、「おおっ！」などと大声を出すのもアドレナリンの働きとされ、やる気に満ちた状態のときは、アドレナリンが出ている。

つまり、時間通りに決めたことを仕上げてアドレナリンが出れば、意欲的になるという姿勢まで引き出せるということだ。これを繰り返して、「時間内に終えようとする思考」を脳に定着させる算段だ。

「〇分以内に終わらせる」と制限時間を設定し、シングルタスクで打ち込む時間を、ぜひ一日の中に設けて習慣化してほしい。

「やったこと」に関する本を読む

オーセンティックになるための習慣として、**私は自分の研究や授業など、「やったこと」に関する本を読むことにしている。**

読書の動機は人それぞれで、純粋に楽しみたい人もいる。「自分にない知識や考え方を得たい」「本をきっかけに学んだり刺激を受けたりしたい」という人もいるだろう。

私の場合は、たとえばリーダーシップについて授業をしたら、その答え合わせをするようにリーダーシップの本を読む。**自分が間違っていないかどうかを、「同じ内容の本」という他者の視点から見て再確認**しているのだ。

こうすることで、単純に間違った知識を持たずにすむし、「自分だけが正しい」という思い込みも回避できる。

また、本を読んで「正しかった」と確認できれば、以降は自信を持ってリーダーシップを教えることができる。オーセンティック・リーダーシップの特長でもある、自信を持った堂々とした姿で自然と振る舞いやすくなるのだ。

＊＊＊

「オーセンティック・リーダーシップを身につける5つの方法」も、ここまで紹介した「オーセンティックな素質を磨く習慣」も、一つひとつはどれもごく基本的なものだ。

ただし、**基本だからこそ、「1分で身につく！」というわけにはいかない**。建築物でも、土台作りには時間がかかる。

繰り返すように、オーセンティック・リーダーシップは、3章以降で取り上げるリーダーシップの土台でもある。基本のスキルゆえに、日々鍛錬していく必要がある。**終わりはない、ゴールはない**のだ。

反対に、オーセンティック・リーダーシップを磨く努力を怠ると、それまでの「貯金」はすぐに底をつく。

だからどうか、オーセンティック・リーダーシップを身につけ、磨く努力を続けてほしい。

自分の弱さを認め、役割を外し、ありのままの「一人間」としてチームメンバーに接する努力を。

3
章

Servant Leadership

——本物の「信頼」をたぐり寄せる

Episode of Nelson Mandela「前に出るのではなく、前に押す」

不屈の精神を代表する人物を挙げるようにいわれたら、多くの人が彼の名を口にするのではないだろうか。27年間の獄中生活を経て、南アフリカ共和国第8代大統領になった、ネルソン・マンデラ。彼の人生は、平和への闘いそのものだった。

１９９４年まで、南アフリカは分断されていた。「アパルトヘイト」、人種隔離政策だ。白人とそのほかの人種では居住地、賃金、医療、教育、生活のあらゆる面で違いがあった。「違い」などという生易しいものではない。それは法の下の差別であり、格差を拡大するものだ。選挙すら人種によって分けられていたため、非人道的な政策を変えられる術などなかった。

この歪んだ国家を内側から正そうと闘い続けた男、それがネルソン・マンデラだ。反アパルトヘイト運動の指導者として先頭に立ち、１９６４年に国家反逆罪で投獄される。しかし、獄中でもあきらめなかった彼は、国際的な支援を受けて釈放され、１９９４年、南アフリカで初めて行われた全人種選挙で大統領に選出された。

そんな彼は優れたリーダーであり、数々の言葉を残している。素晴らしい言葉の一つが、これだ。

——リーダーシップで大切なことは、目的に向かって「人を動かす」こと。つまり、人々の考えや行動の方向を変えることである。

目的に向かって「人を動かす」とは、先頭を切り「私の後をついてきなさい！」と言うことではない。

リーダーが「人を動かす」とは、**メンバーに決定権を与えること。メンバーが最初の一歩を踏み出せるように、リーダーが背中を押してもいい。**

リーダーが「前に出る」のではなく、メンバーを「前に出す」のだ。

「君に任せる」と言って、メンバーが自ら行動するように仕向けよう。そうすればメンバーは、リーダーの考えや目的を、おのずと理解してくれるようになる。

＊＊＊

マンデラはまさにアサーティブ・リーダーだ。強さと弱さ、アグレッシブとパッシブのバランスを見事にとっていた。

アグレッシブな強さについていえば、彼は人種隔離政策の撤廃という目的のために激しい戦闘にも身を投じた。また、長い獄中生活は、並外れた信念と頑強さがなければ耐え抜けなかっただろう。目的を果たし、ノーベル平和賞を受賞するには至らなかったかもしれない。

それでいて彼は、パッシブな性質がいかに大切かを知っていた。たとえば、自分が控えめになるということ、すなわち謙虚さだ。

だからこそ彼は、「リーダーが『前に出る』のではなく、メンバーを『前に出す』」と説いたのだろう。これはマンデラが、人を育て、奉仕し、支援するリーダーシップ、つまり**「Servant Leadership」(サーバント・リーダーシップ)**を備えていたことの表れでもあると思う。

自分がリードするばかりでなく、人々に等しく備わっているリーダーシップを引き出す力を持っていた――だから彼は母国を生まれ変わらせることができたのだ。

この章では、マンデラのように、**部下の能力を引き出して、背中を押す力――サーバント・リーダーシップ**について述べていこう。

サーバント・リーダーシップはアサーティブ・リーダーの、どちらかといえばパッシブ寄りのスキルだが、単に〝受け身〟ということではない。**人に奉仕し、その人の中から最高の能力を引き出す**。そしてその人が主体的に活動できるようになったら、さらにそれを支援する。

たとえば相手が部下であれば、その人の「一番の良さ」を引き出して、その人自身が成果を上げられるよう手を貸し、応援し続けるのだ。そして最終的には、チーム全体の生産力を高め、目標を達成する。

そのとき、あなたはリーダーとして**本物の信頼を得られるだろう**。

サーバント・リーダーシップとは何か？

MIT、ハーバードで説かれる「従業員ファースト」精神

サーバント・リーダーシップの提唱者として最もよく知られているロバート・K・グリーンリーフは、世界最大の通信会社AT&T社に在籍し、組織のマネジメントを研究し続けた。MITやハーバード・ビジネススクールでも、客員講師として教壇に立っている。

彼がいうサーバント・リーダーシップは、**「奉仕の心」**だ。「従業員ファースト」で常に部下を優先し、リーダーが奉仕することで部下を成長させる。それが組織や社会全体のためになる。

日本では奉仕の心が根付いているとされ、確かにサービス業の「顧客ファースト」は素

晴らしい。だが、「従業員ファースト」については、いささか疑問が残る。「あなたの会社では、上司は『部下ファースト』か?」と尋ねれば、おそらく「そのとおりです」という回答は少ないと思う。

そこでまず「上司の奉仕」について見ていこう。

偉い人が「しもべ」になる

「上司が奉仕する」と書くと違和感を覚える人がいるかもしれない。「上の人や偉い人は、奉仕される側だ」という固定観念は確かにある。しかし本当にそうだろうか?

serveとは奉仕を意味し、ラテン語から来ている。聖書でも重要な言葉とされ、私も子どもの頃にカトリック教会で、「イエス・キリストは、人々に奉仕するために天国から来た」と教わった。

新約聖書に、こんな話がある。「弟子の中で誰が一番偉いか」を争っている弟子たちの姿を見たイエスが、こう諭したというのだ。

「あなたがたの間で偉くなりたいと思う者は、みなに仕える者になりなさい。あなたがたの間でいちばん上になりたいと思う者は、みなのしもべになりなさい」(新約聖書マルコによる福音書10:43-44)

最後の晩餐の前には、イエス自身が「みなに仕える者」であることを示すように、弟子たちの足を洗った。

文学、哲学、美術から政治に至るまで、西洋文明においてキリスト教の影響は大きく、イエス・キリストはいってみれば「西側世界の元祖リーダー」だ。**そのイエスでさえ、人々に奉仕することを大切にしていた。**サーバント・リーダーシップとは、人を導く使命のあるリーダーにとって必須のスキル——そう私は考えている。

これはキリスト教に限った話ではない。東洋文化に大きな影響を与えた中国の思想家・老子は**「人の上に立とうと思うなら、謙虚な気持ちでへりくだりなさい」**と述べている。

さらに興味深いのは、**「理想のリーダーとは、みんなに『リードされている』と感じさせない人だ」**という老子の言葉だ。現代に合わせて、次のように解釈できるのではないだろうか。

「リーダーたるもの、一歩下がって援護に回り、部下を前に出して、主体的に取り組ませなさい。**部下が上司にリードされたことに気がつかず、『自分でやり遂げた』と思えるくらい、自然にリードしなさい**」

これもまた、サーバント・リーダーシップの要諦について述べた貴重な教えだと思う。つまるところ、**リーダーとは古来、「背中を押す人」**なのだ。

3章では、チームのメンバーの背中を押すための方法を具体的に説明していく。

「ここではありのままを発言しても大丈夫だ」と安心できる「セーフスペース」を作って部下の心を開き、背中を押して前に出す。そのうえで、正しく評価して部下のさらなる自主性につなげる。

これが、サーバント・リーダーシップを発揮することの全体像だ。

「自ら後方に回る」のが難しい理由

職場で「遭難」する——誰もついてこない

サーバント・リーダーシップはこのように昔から重視されてきた「リーダーの要諦」だが、今、多くのリーダーがサーバントかといえば違うだろう。

「リーダーシップとは、力強くチームを引っ張ることだ」という思考に取り憑かれているリーダーは多い。こういうリーダーは、部下の背中を押すというよりも、「自分の背中を見せて、部下がついてくること」を期待する。マンデラと違い、「部下を前に出す」よりも「自分が前に出て率いる」ことを考えてしまう。つまり、「自分が前に出る思考」を持っているのだ。

たとえば山登りという〝プロジェクト〟であれば、リーダーは「さあ、あの山を目指すぞ！　君はテントを背負い、君は水を持ち、君はロープを担いでくれ！」と部下に指示を与え、先頭を切って歩き出す。文字通り、〝先導者〟になってしまうのだ。

だが、ふと後ろを見たら、部下は誰もついてきていなかった……。

実は、**この〝遭難〟ともいえる状況は、日常的に起こり得る**ことだ。


自分が先頭を切ったり、「自分が前に出る」という思考の裏側には二つの心理がある。

一つは、「自分以外、信用できない」という心理。

これは能力が高く自信があるリーダーにありがちで、彼らは「自分ならできる」と信じている。「部下に任せたら、このプロジェクトは失敗するかもしれない。だが、自分がやれば、確実に成功する」と考え、一番前で独走するのだ。

これはプライドであり責任感のように見えるが、部下を信用していないというメッセージでもある。

「君たちは成果を上げられない。だから自分がやるしかないんだ」

「君たちより私がやったほうが確実。だから私に、黙ってついてくればいい」

こんなメッセージを送っていたら、誰もそのリーダーについていこうとは思わない。

「自分が前に出る」という思考の裏側にある二つ目の心理は、**「部下にナンバーワンの座を奪われたくない」**というものだ。

このタイプのリーダーは、自分が一番でなければ気に入らないのでチームメンバーを育てようとしない。部下に仕事を任せないし、決裁権も持たせない。**優秀な部下ができて、追い抜かれ、「一番前」という自分のポジションを奪われるのが怖い**のだ。

自分だけがパワーを握り、まわりを「自分より劣る」と思える部下で固めたら、リーダーのポジションは守られて安全だ。独裁者が、No.2が頭角を現してきた途端に暗殺したりする血なまぐさい歴史からも、この心理が見て取れる。

もちろん世の中には、自分自身が成果を上げ、さらにすべてを決定してチームを成功に導くリーダーもいる。こうしたリーダーは、自らの力が放つ強烈な輝きで、カリスマとして熱狂的な人気を集めることもある。

だが、そのリーダーがどんな天才であっても、その成果は長続きしない。**リーダーが一人で頑張って成果が出るのは、運が良くても短期間**だ。

なぜなら、人間一人の力では成果を出し続けることができないし、一人の人間の成果よりも、チームの成果のほうが生産性は高い。

結局、自分ファーストなリーダーの天下はわずかな期間しか保たれない。**リーダーが独**

走するその道は、「チームの破滅とリーダーの失墜」という危険な道へとまっすぐにつながっているのである。

「長い目」で見よう

上司と部下のポジションにあまり差がないのがプレイング・マネジャーだが、この場合もリーダー自ら、自分が前に出てしまうことがある。

「部下が成功するように手を貸してばかりいたら、プレイヤーとして自分が成果を上げられない。結局、部下に奉仕して自分が損をしてしまう」という不安が大きいのは、オーセンティックという土台ができていないということだ。

しかし、もしあなたが「部下に追い抜かされたくない」という嫉妬と不安が入り混じった感情を抱いていたとしても、私はそれを責める気にはなれない。

「リーダー兼プレイヤー」であるがゆえに、「チームでも個人でも成果を出せ！」と会社から厳しいプレッシャーをかけられたら、そんな気持ちがよぎるのも無理はない。

そこで、「支援は損だ」という気持ちに囚われて自分が前に出てしまうなら、発想を転換しよう。

サーバント・リーダーシップは、部下に一方的に奉仕することではない。部下の成功はチームの成功につながり、チームの成功こそリーダーの成功になる。つまり、**部下の成功を支援することで、あなた自身が成功できる**のだ。

一人の人間の成果よりチームの成果のほうが生産性は高い。チームの場合、一人がスランプに陥ったら別の一人がカバーして成果を出すことができる。リーダーが新しい市場についてよくわからなくても、若い部下が詳しいこともある。テクノロジーもマーケティングもコミュニケーションも営業も、**「誰よりもできる！」というリーダーはまず存在しない**。この多様化した時代には様々なスキルが求められるが、その全部に強いというのは非現実的だ。

だからこそ、たった一人の天才に頼るより、複数の人間で協働したほうがうまくいく。これは社会の大原則であり、多くの人が「会社」という組織で働く理由でもある。

また、前述したように、部下を育てることもリーダーの重要な役割だ。会社は「リーダーには部下の育成・管理をしてほしい」と期待している。何もわからない新入社員を一人前にし、優秀だが暴走しがちな若手にバランス感覚を教え、伸び悩んでいる中堅に打開策を提示し、チーム全員を育てる。組織にとって人材は何よりの資産であり、その資産が優良であればあるほど成果は大きくなる。

つまり、もしあなたがサーバント・リーダーシップを身につけてチームメンバーを成長に導くことができれば、**あなた自身の「リーダーとしての評価」も高くなる**のだ。

ただし、プレイング・マネジャーの注意点――〝自己中心〟でもいけないし、〝滅私〟でもいけない――を忘れずに。どちらかに偏りそうになったら、「アサーティブ・リーダーとは強さと弱さのバランスがとれていることだ」と思い出してほしい。

唐突な「ヘルプ」に戸惑う部下

「良心的」なのに警戒される

サーバント・リーダーシップの重要性はもう、おわかりいただけたと思う。

そしてあなたはそもそも「自分が前に出る」という思考を持っていないかもしれない。

それどころか、「部下のためになるなら、進んで協力したい」「部下が成長できるように手を貸したい」と本心から思っている、むしろやさしいリーダーかもしれない。

それならすぐに、サーバント・リーダーシップは身につけられそうなものだが、これがなかなか難しい。なぜなら、サーバント・リーダーシップを発揮しようにも、**部下とあなたには「距離」がある**からだ。

サーバント・リーダーシップを身につけ、部下の背中を押す――つまり奉仕し、支援し、成長をうながすためには、**第一に、「部下が心を許して話せるような人間関係」を作っておかなければならない**。背中を押して前に出す前に、「ここではありのままを発言しても大丈夫だ」と安心できる「セーフスペース」を作って部下の心を開かなくてはいけないのだ。

ところが、部下はなんとなく上司を避けることがある。

あなたもこんな経験がないだろうか？

- 自分の経験から仕事を教えようとしても、部下はあまり聞いていない
- 部下に困っていることや悩みを打ち明けてほしいが、「大丈夫です」とかわされる
- 今後のために注意したら、部下は周囲に「パワハラだ」と陰で言っていた

ちょっとした日常会話をしようにも、どうにもぎこちない。だからといって、「今日はざっくばらんに日頃思っていることを言ってほしい」と、カジュアルなミーティングをセッティングしても、いつもどおりの会議になってしまったりする。

なぜなら、リーダーが**普段ずっと「上司対部下」というヒエラルキーで会話をしているから**。いきなり「遠慮なく話せ」と言われても、部下は困ってしまう。

部下たちは「なんでも正直に言って、あとで顰蹙《ひんしゅく》を買うのでは」「いきなり本音を言えと言われても……」と頭の中でつぶやき、結局、その場を沈黙が支配する……。

イメージしてほしい。敵とスパイがいる部屋で、いきなり本音を話し出す人など存在しない。本音を言えるのは本当に気心が知れた味方に対してで、日常生活における味方とは「心を許せて信頼できる相手」だ。

ところが、**会社に味方がいると感じている部下は少ない**。むしろ「自分以外に味方はいない」とすら感じているかもしれない。

まして、**部下にとって上司というのは「自分を査定する人間」**だ。

「迂闊《うかつ》なことを言って目をつけられ、ボーナスが下がったり、昇進が遅くなったりしたら困る」と考えれば、気軽に話しかけたり、ざっくばらんに相談したりできるはずがない。

そんなメンバーに対してリーダーが急に支援しようとすると、部下たちは「なぜ?」「何か裏があるのでは」と怪しむかもしれない。**「ああ、私は信用されていないから、リーダーは手を貸そうとしているんだ」と、自信を失ってしまう事態にもなりかねない**。

実現しない「ボトムアップ」という理想

私はワークショップや授業で、しばしば〝池に浮かんでいるアヒルの写真〟を見せる。

スタンフォードの学生は、合格率6％の難関をくぐった者たちだ。優秀で、スポーツにも熱心で、人間関係も充実し、幸福に満ちているように見える。

しかしそれは、アヒルの体の水から出ている部分に過ぎない。池にのんびり浮かんでいるように見えて、水面下では必死で足を動かしているアヒルのように、学生たちも心の中には悩み、コンプレックス、葛藤、競争心を抱えてもがいている。

優秀と言われて育ち、まわりもみな優秀であるがゆえに、人間なら誰でも抱えている苦しみや弱さを表せないのだ。

余裕たっぷりに見えても、水面下では溺れないように足を動かして苦しんでいる状況を、スタンフォードでは**「ダック・シンドローム（アヒル症候群）」**という。

スタンフォードでは、学生の90％が寮生活を送るが、私は家族とともに3年間、寮の敷地内に住んでいたことがある。そこで学生たちの素の姿――精神的に落ち込んで手助けが必要だったり、悩みを誰にも言えなかったりするダック・シンドロームに苦しむ様子――を目にしたことが、マインドフルネスの授業を始めた一つのきっかけでもあった。彼らに心落ち着く安全な場所を提供し、人間としての土台をじっくり作ってほしいと願ったのだ。

ダック・シンドロームは、エリート大学生に限ったことではない。アメリカでは、「いつもポジティブで絶好調でなければいけない」という風潮がある。

たとえば先日、食料品店に買い物に行った際、レジ係は盛り上がった筋肉にタトゥーを入れた怖そうな男性で、〝How are you doing?〟と声をかけてきた。「調子はどうですか？」は日本の「いらっしゃいませ」と同じで、ただの挨拶だ。

それに私は〝I feel terrible.（最悪だ）〟と答えた。

彼は驚いたのだろう。強面に、怯えすら浮かんでいた。私はすぐに「冗談ですよ」と笑い、彼もホッとして笑顔になったが、これは結構根深い問題だと痛感した。

「調子はどう？」と聞かれたら、悩んでいても、辛くても、失恋して泣き明かした朝でさえ、「元気です！」と答えなければいけないのがアメリカだ。〝I'm fine.〟どころか〝Wonderful.〟〝I am great.〟とまで言ってしまう。みんな弱さを見せられないのだ。

表面的なやりとりでなく、本音で話し合えばいいのに、みんな水の上のアヒルの姿で会話をしようとする。これは国を問わず広がる問題のように感じる。

あなたの部下たちも、ダック・シンドロームに苦しんでいるかもしれない。本音を言わないだけでなく、〝言えない〟のかもしれないのだ。

優秀な人ほど「優秀な自分」という他者から見た自己を守ろうとするから、弱みを見せることが苦手だ。逆も然りで、弱い人も「この弱さを認めたら自分が崩壊してしまう」と感じて強がり、自分を守ろうと本音を見せなくなる。

結局、できる人もできない人も本音が言えず、心的疲労は募る一方だ。

「問題を放置する部下」になってしまう

『トイ・ストーリー』『モンスターズ・インク』『アナと雪の女王』などの大ヒットで知られるピクサー・アニメーション・スタジオは、チーム体制で仕事をし、率直に意見を交換することで創造性を高めている。

だが、クリエイティビティと自由を体現するようなピクサーでさえ、「スタッフがなかなか本音を言わない」という事態がしばしば起こるのだという。

グーグルのマネジャーは、部下とのコミュニケーションに多くの時間を意図的に割くようにしていると聞いたが、それだけ部下の本音を聞くのが重要かつ難しい証拠のようにも感じる。

ここで、リーダー側からこの問題を見てみよう。

「何かあったら部下が報告してくる」とリーダーがのんびり待ちの姿勢でいたり、自分の仕事に没頭していたりしたら、いつまでたっても情報は上がってこない。上がってきたとしてもリーダーが喜びそうな話だけ。

部下からすると報告しにくい「リーダーにとって本当に重要な情報」は、リーダーの耳になかなか入ってこないかもしれない。

部下の本音をすべて聞くのは無理でも、せめて「良くない報告」だけでも、リーダーなら把握しておきたい。部下が一人でミスやトラブルを抱え込んでいるうちに、大問題に発展することは珍しくないためだ。

これについて、ＭＩＴの名誉教授で組織心理学の第一人者であるエドガー・シャイン博士が次のような研究を発表している。

ある病院を対象に、なぜ医療ミスが報告されないのかを調査したところ、スタッフがリーダーに対して**「良くない報告をためらう理由」として次の３つがある**ことがわかった。

①「ミスがある」と報告したら、自分の責任にされてしまう
②「ミスがある」と報告しても、どうせ聞いてくれない
③「問題がある」と報告しても、改善されることはなく、何も変わらない

医療ミスや問題点があるのに、黙っていたり、隠したりする。「そんなスタッフは最低だ」ととらえられがちだが、実は**その状況を作っていたのはリーダーだった**のだ。

「奉仕してもいい関係」を築いておく

「医療ミス」を発表する医療誌のねらい

医療専門誌『Medical Journal』には、**医師が最近あった医療ミスを発表するコーナー**がある。

できれば秘密にしておきたいような失敗をあえて公表するのは、ほかの医師が同じ失敗を繰り返さないためだ。医師なら大なり小なりやってしまう失敗をオープンにすることで、チェックリストを作るなど具体的で有効な対策が立てられる。

リチャード・カッツ博士がハーバード・メディカルスクールで「弱さ（ヴァルナビリティ）を認める勇気」の重要性を発表してから40年。ようやく医療の現場で、ヴァルナビリティの重要性が認められたということだろう。

前章で、「本当の自分を知ってオーセンティック・リーダーシップを発揮するために、自分の弱さを認めることが大切だ」と述べた。これは主に、リーダーとしての土台を築くため、つまりリーダー自身のためのものだ。

同時に**「弱さを認める勇気」は、サーバント・リーダーシップを身につけるうえでも、チームを運営するうえでも、なくてはならないもの**だ。なぜなら、リーダー自ら弱さをさらけ出さなければ、部下は自分の弱さを見せることなどできない。警戒心を解きほぐすのは難しい。そして、**弱さを含めた部下の姿を知らなければ、サーバント・リーダーシップは成立しない**。

部下の弱さを含めた本当の姿を知らなければ、リーダーはその部下に対してどう奉仕すべきか――何をどのように教え、何を手助けすべきかが、見えてこないだろう。

また、部下の強みも正確に把握しなければ、どう背中を押して前に出せばいいか――つまり、どんな仕事にチャレンジさせれば成果が出て、成功体験をさせられる確率が高いかが、見えてこない。

リーダーが弱さを認めれば、部下は徐々に本当の姿を見せるようになる。

「この人は査定をする上司としてではなく、役割を越えた一人の人間として、弱さを見せてくれた。この人になら、取り繕わなくてもいい」と信頼も生まれる。

ここまでくれば、敵もスパイも査定をする人も存在しない、「失敗や本音を言ってもいい場所」ができる。

部下にそんな**「セーフスペース」**を与え、本音を言える関係を作っておくことが、**サー**

バント・リーダーシップを育む第一歩、「環境づくり」なのだ。セーフスペースを作れば、支援すべきポイントが見つかる。そして、背中を押しても警戒されずに、主体性を持って成長できるよう、自然にうながせる、というわけだ。

チームに「セーフスペース」を作ることは、奉仕するリーダーにとって至上命題といっていい。ぜひ、部下のために「弱さを認める勇気」を出してほしい。

「自分のミス」だと前置きする

リーダーが弱さを見せれば、チームも弱さを見せられる。**セーフスペースを作るために、まずはリーダーであるあなたが弱さを見せよう。**

リーダーが見せる弱さは、前章で述べた通り、致命的で回復不可能なものであってはいけない。きちんと解決策も提示すべきだ。

そこで、リーダーがチームに伝えるなら、**改善可能だが明らかに問題がある「共通の課題」**がいい。

「**私の見積もりが甘くて**、今期はこのままでいくと目標の売上が達成できない」

「**私もチェックしたはずなのに**、販売キャンペーンに抜けている点があった」

「**私の調査不足なのか**、競合他社が圧倒的に強い新製品を用意している」

リーダーであれば「今期も絶好調だ！」「販売キャンペーンは完璧だ」「競合他社の動向は把握している」という具合に「すべて大丈夫だ」と言いたいところだが、**うまくいっていないことを素直に打ち明ける**。

リーダー自らこういった事実を打ち明けて、「弱みを見せていいセーフスペース」を作ったら、部下は安心して「実は、僕も新規顧客が全然開拓できていません」といった具合に、「良くない報告」をしやすくなる。そうしてセーフスペースでの会話が多くなればなるほど、部下との関係も良くなっていくだろう。

「質問」がチームの空気を醸成する

「語るな、質問せよ」——会話の原則

リーダーが弱さを見せて、「セーフスペース」ができたら、コミュニケーションを緊密にしていこう。

前述したエドガー・シャイン博士の著書『Humble Inquiry』は直訳すると、**「謙虚な問いかけ」**という意味だ。

今日の組織は、効率や利益の追求が優先されるあまり、人間関係が損なわれている。だ

が、**謙虚な問いかけによって人間関係を良くすることができれば、逆に効率や利益という結果が出る――**。

これが長年、組織心理学に取り組んできた博士の見解だ。

アサーティブ・リーダーはエゴと謙虚さのバランスをとらなければならないのだから、私もその通りだと考えている。また、サーバント・リーダーシップは部下に奉仕することだから、自分が後ろに下がる「謙虚さ」は必要不可欠だ。

それを踏まえてシャイン博士が提唱する、**「リーダーが部下に話すときの原則」**を知っておこう。

“Ask, don't tell”（語るのではなく、質問せよ）

これが原則だ。なぜなら、**部下が話をしてくれないというリーダーはたいてい、部下の話を聞いていない**。

「なんでもざっくばらんに、思ったままを話してほしい。私の場合はこうで……」という具合に自分の話を無策に押し付けてしまい、聞く耳を持っていないのだ。

これではセーフスペースを作り、せっかく部下が話そうという気持ちになっても、「リーダーだけがひたすら語って満足したミーティングだった」という結果を招きかねない。

チームメンバーからすると、「出番なく終了」といった具合で、やる気が削がれてしまう。

「自己啓発の大家」であり「コミュニケーション論の大御所」であるデール・カーネギーは、**「人間は、自分に関心を寄せてくれた人に対して、お返しのように関心を寄せる」**と述べている。まずは、リーダーが部下に関心を持つ必要があるのだ。

尋ねるように「指示」を出す

「語るのではなく、質問せよ」というのは、言いにくい話を部下から引き出す際だけでなく、指示を与えるなど**あらゆる会話で心掛けるべき原則**だ。

たとえば部下に、書類を明日までに仕上げてもらいたいとする。

アサーティブ・リーダーは強さと弱さのバランスをとらねばならないから、「明日までにやれ！」と押し付けても、「明日までは無理だよね」と腰が引けていてもいけない。

また「明日」というのは明日の朝いちばんなのか、仮に朝いちばんならそれは9時なのか、それともリーダーが出社する8時なのかもわからない。明確な主張でなければ、アサーティブ・リーダーとはいえない。

だが、「明日の9時までにお願いします」と明確で押し付けがましくない言い方をすれば正解というわけでもない。相手の都合がわからないまま9時と設定しているためだ。

そこで「謙虚な問いかけ」を取り入れる——Ask, don't tellだ。

「この書類は、君なら明日までには仕上げられると思うが、どうだろう？　どのくらいで提出できると思う？」と**自分の意見を述べつつ、部下に質問する。**

すると部下は、自分の能力やほかの仕事を勘案して「明日は朝9時からミーティングがあるので、11時なら提出できます」と答えて、締め切りが明確になる。

セーフスペースを作ってあるので、部下は安心して「朝9時からミーティングがある」という自分の都合を主張できるし、リーダーはそれが早すぎたり遅すぎたりしたら、率直に「申し訳ないけど、10時からの会議で使いたいんだ。どうしたら調整してもらえるだろう？」と相談できる。

問いが部下に「安心感」をもたらす

では、どのように「ask」すればよいか、部下の心を開く質問について、より具体的に見ていこう。心理学的に正しい質問として、次の「8つの方向性」がある。

この8つはいろいろな場面で使うことができるが、**どんな質問も、ポジティブな方向に話がいくように心がけよう。**

図6　8つのright ask——質問の方向性

① **Open**「このシステムをどうやって使っている?」
——答えが「はい、いいえ」で終わらない、話題が広がる質問

② **Closed**「あなたは、このシステムは使いにくいと思う?」
——答えが「はい、いいえ」なので、相手の考えを特定したいときの質問

③ **Neutralize**「新しいシステムについて、あなたはどう思う?」
——中立的な立場で、いろいろな意見を引き出す質問

④ **Sharpen**「どうすれば、このシステムをもっとよくできると思う?」
——明確な答えを求める質問

⑤ **Probe**「あなたは、なぜこのシステムが重要だと考えているの?」
——相手の考えを精査する質問

⑥ **Smarten**
「私もこのシステムについて調べてみたんだけど、あなたはどう思う?」

——自分も知識を持っていることを示す質問

⑦ **Soften**「私はこのシステムに興味があってね、
なぜこのシステムを入れたのかな?」
——穏やかに興味を示す質問

⑧ **Simplify**「このシステムのポイントは何だと思う?」
——シンプルな答えを引き出す、単刀直入な質問

「上司は、私の意見を大事にしている」「自分に知識と能力があると認めてくれている」「私の意見をもっと知りたがっている」部下がそう実感し、あなたを信頼するようになれば、チーム内での会話量が自然と増え、サーバント・リーダーシップが発揮しやすくなる。

部下が萎縮する「やってはいけない質問」

良い質問を活用すると同時に、**悪い質問**をしていないか、自分の癖をチェックしてほしい。部下が萎縮する5つの質問例を次の図に紹介しよう。

悪い質問は、質問に見えて質問ではない。

「これは問題だ！」と決めつけ、「誰の責任だ？」と犯人探しをし、「なぜこのやり方をしなかった？」「この企画は前にもやってダメだった」と**自分の考えや経験を押し付けて誘導している**。

時代や状況、やる人が変われば、前に試してダメだったことがうまくいくことも大いにあるのに、前例を振りかざして部下の〝やる気の芽〟をつんではいけない。**最終的に「ほかのメンバーはすごいのに、お前はダメだ」と批判しているのなら、最悪**だ。

トラブルが勃発したとき、上司がこんな対応をしたら、部下は萎縮してしまう。「今後、悪い報告はこの人にはできない」と警戒したり、気が引けたりもするだろう。

図７　５つのbad ask

①「何が問題なんだ?」
言い換え：うまくいっているのはどこで、問題点はどこだろう?

②「この問題は、誰の責任なんだ?」
言い換え：どうすれば一緒に問題を改善できるだろう?

③「なぜ、このやり方をしなかったんだ?」
言い換え：君はこのやり方についてどう考えていたんだろう?

④「こんな企画は、前にもやったことがあるだろう?」
言い換え：もしこの企画を今やったら、どういう新しいことができるだろう？

⑤「iPhoneみたいな商品企画を出せないのか?」
言い換え：なぜ彼らにはできたんだろう？
どうすれば私たちも大ヒットが出せるだろう?

常日頃からこんな話し方をしていたら、部下の心のシャッターはぴしゃりと閉まる。

bad askの言い換えは、すべてポジティブ心理学に基づいている。失敗しようと成功しようと、**部下への質問は常に「ポジティブな面」に注目しなければいけない**のだ。

たとえば、**ネガティブな失敗の中にも、必ずうまくいった部分はある。**そこを成功要因（＝ポジティブな面）として抽出し、強みとして伸ばす。失敗を引きずらないよう、部下の思考を切り替えさせる。

これが、部下を育てるサーバント・リーダーシップである。ポジティブな質問を用いて、失敗を糧に部下を成長させよう。

チームを後ろから押す「任せる技術」

「行きすぎた手助け」に不満が噴出する

リーダーが弱さを見せてセーフスペースを作り、そこで部下との会話を増やしてコミュニケーションが取れるようになってきたら、その部下の能力や強み・弱みがわかってくる。そこでサーバント・リーダーシップの次の段階に進もう。**一歩下がって部下の背中を押し、部下を前に出す。そして主体的に課題に取り組ませる**のだ。

主体性を持たせたことで、部下の仕事のスピードが加速する例はいくつもある。

たとえばシリコンバレーは、すべてにおいてスピードが速い。即決しないと状況は変わり、新技術は生まれた途端に古くなる。

シリコンバレーには日本からの駐在員もいて、私も彼らと交流があるのだが、誰もが「ここではとてもいい体験ができる」と口をそろえる。

支社に派遣されるのは2、3名。ベテランというよりは若手から中堅だ。

「日本にいるときは、なんでも上司の決裁が必要で、自分たちで決めることができなかった。**でもここは、本社と連絡を取っていたら間に合わないから、自分たちで決めるしかない。そのプレッシャーとスピード感で、成長できたように思う**」

現実には、「主体性を持たせる」というのは、リーダーたちにとってそう簡単ではない。なぜなら、日本に限った話ではないが、**「マイクロマネジメント」**という問題を持つリーダーもまた多いのだ。

部下の仕事の細かいところまで上司がチェックして、決断はすべて上司がする。これがマイクロマネジメントで、まるで〝過保護な親〟のようなものだ。

「何が食べたい？」と一応聞いても「あなたが好きなのはステーキね」と本人に選択も決断もさせずに自分の意見を押し付け、食べ始めたら「それじゃ食べにくいでしょう。こうやってお肉を切りなさい」と指示し、子どもがそれでも肉を切っていると「どれ、貸してごらん。切ってあげるから」と、代わりにやってしまう。

これと似たことが、ビジネスの現場で起きている。「切れたなら、お肉をちょうだい」と子どものステーキを食べてしまう親はいないが、困ったリーダーの中には肉を横取りするかのごとく、「自分がやりました」と成果を奪ってしまう人さえいる。最悪だ。

マイクロマネジメントをするリーダーにも、前述したような**「自分だけがパワーを持っ**

ていたい」という心理がある。なんでも口を出す過保護な上司、なかなか後継者を決められないワンマン社長は、人に任せることで力を手放したくない心理が強く働いているのだ。

「忙しくて時間がない」というリーダーも、マイクロマネジメントの可能性が高い。部下の仕事を奪い、全部自分でやろうとしているから時間がなくなるのだ。これも部下に任せていない――「君は信用できない」というメッセージを送っているに等しい。

あなたは大丈夫だろうか？

部下にやさしいつもりで実務に手を出し、彼らの仕事を奪い、成長を阻んでいないか？

それは一見親切に見えるが、サーバント・リーダーシップとはいえない。結果として本人のためにならないのだから、奉仕していることにならない。

部下も「まったく任せてもらえない」とストレスを溜めて、リーダーへの不信感を募らせる。**メリットは何一つない**。

〝押し付け〟か〝マイクロマネジメント〟か――依頼領域理論

とはいえ、実際問題、部下に任せることは難しい。信用していないわけではないが、心配だし、リーダーも失敗は怖い。優秀なリーダーの場合、たいていプレイヤーとしても仕事がかなりできるから、「自分がやったほうがうまくいく」と思ってしまうのはすでに説

図8　Zone of Proximal Development―最近接発達領域

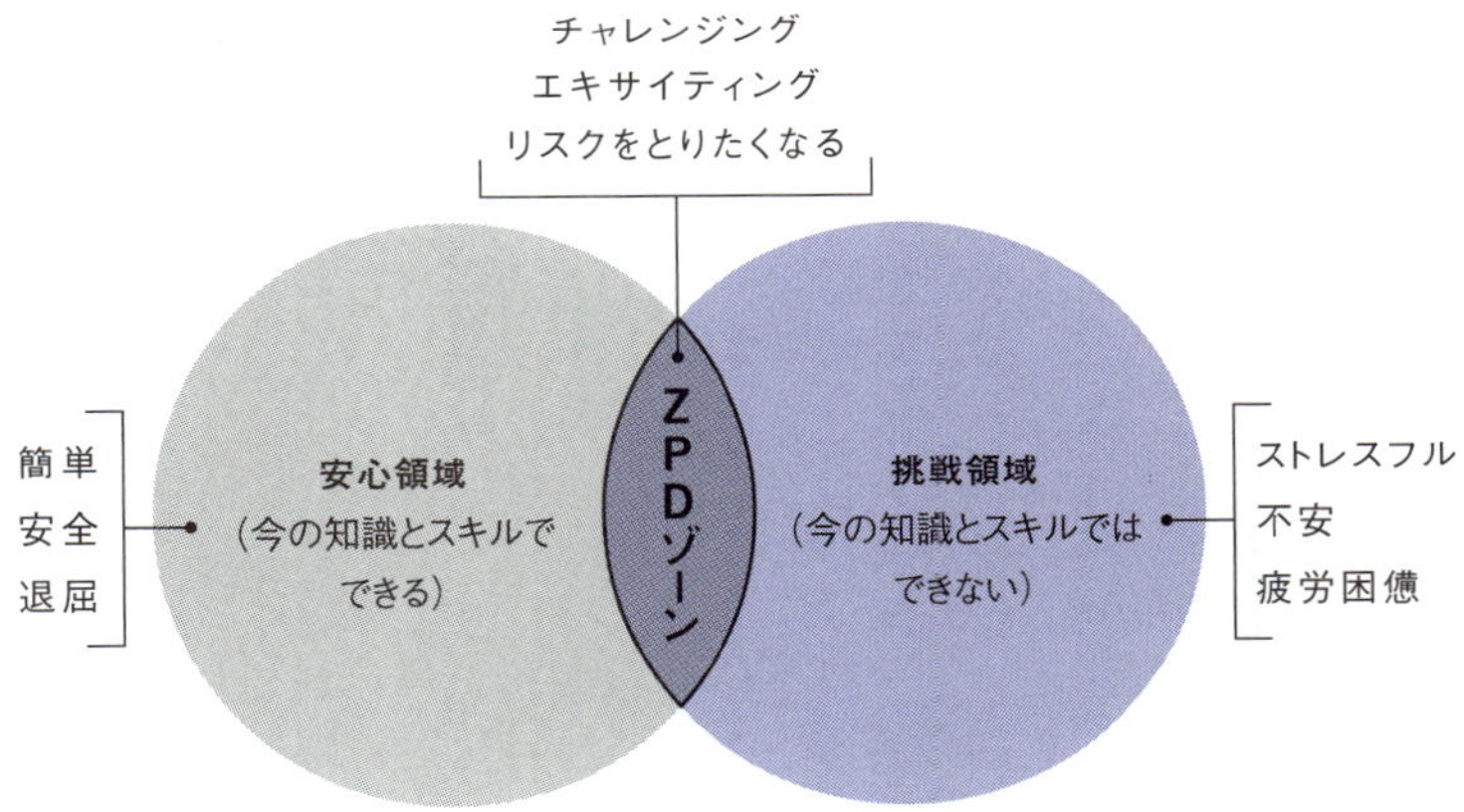

明した通りだ。しかし、これでは〝We are the Leaders〟の原則に反する。

また、若手のリーダーの場合は「命令してやらせるなんて悪い」という遠慮も働く。日本はパッシブな文化だから、強く主張するのが苦手だ。部下が同年代や年上であれば、なおのこと指示に出しにくいだろう。

いずれにせよ、もしもあなたが任せることが苦手なリーダーなら、フロイトと同時代に活躍した旧ソビエト連邦の心理学者、レフ・ヴィゴツキーの理論が役に立つ。

「最近接発達領域（ZPD：Zone of Proximal Development）」というものだ。

こういうと何やら小難しく感じるかもしれないが、すこぶるシンプルで実用的だ。

図の左側は**「安心領域」**で、部下が一人でもできる仕事。すでにそれをこなす能力があるものだ。安心領域の仕事ばかりしている部下は、失敗しない代わりに成長しない。「簡単な仕事しかやらせてもらえない」と、部下に不満が生じる原因になりうる。さらに安心領域の仕事は大きな成果に結びつきにくいから、成功体験を与えて部下に自信をつけさせることも難しい。

一方、右側は**「挑戦領域」**で、部下がまだできない仕事。やったことがない仕事もここに含まれる。

マイクロマネジメントのリーダーが任せるとしたら、「安心領域」のごく一部、つまり単純作業のようなことだけで、全部に手を出したがる。だから部下は「何も任せてもらえない」「信用されていない」とストレスを溜めるし、成長もできない。リーダーはリーダーで、人の分の仕事までやっているから「忙しくて時間がない」となる。

やがてリーダーは全体像が見えなくなり、積極的な指導もしなくなる。つまり、アサーティブ・リーダーからどんどん遠ざかっていく。

だからといって**「挑戦領域」の仕事を部下にいきなり任せたら、丸投げ上司だ。やり方も教えずに責任だけ負わせても、部下は困ってしまう**。強権的リーダーや、パワハラリーダーにもなりかねない。

経験がなくても、工夫によって自力でやり遂げる優秀な部下もいるかもしれないが、彼らは上司に対して「リーダーの役割を果たしていない」と厳しいジャッジをするだろう。

そこでアサーティブ・リーダーは、**部下に中央の「ZPDゾーン」の仕事を任せる**ことを知得してほしい。

任せ方の「正解」

中央のZPDゾーンの仕事とは、次のようなものだ。

- 上司が少し手伝えば、部下ができるようになること
- 上司が教えれば、部下ができるようになること
- 部下がチャレンジしたがっていること

この見極めはZPDゾーンの最重要ポイントだけに、そう簡単ではない。

「この部下はまだまだ一人前じゃない」と思っていたら、安心領域の仕事ばかりやらせることになる。

「この部下ならなんとかするだろう」と安易に判断して無謀な挑戦領域の仕事を任せたら、大失敗によって部下の自信を損ない、チームとしても痛手を負う。

ZPDゾーンを見極めるためには、「部下の能力と適性」と「仕事の種類」、それぞれを正確に把握しておかなければならないのだ。

「部下の能力と適性」を知るには、セーフスペースでコミュニケーションをとり、部下をより深く知ること。**能力と適性は、IQでも売上でもわからない。部下の「心」を知ることで、初めてわかる**。

「仕事の種類」を知るのは、「部下の能力と適性」を知ることよりは難易度は下がるだろう。〝スケジュールは長期か短期か〟〝仕事量が多いか少ないか〟〝動く予算が大きいか小さいか〟といった定量的で基本的なことも目安になる。

そして、「部下の能力と適性」と「仕事の種類」の掛け合わせは複雑だ。

メンタルが弱いけれど優秀な部下がうまくこなす緻密な案件や、細かなことは苦手でも精神的にタフな部下が思わぬ成長を遂げる案件がある。また、大至急の仕事なのか、質を追求する仕事なのかでも違う。時間の認知に歪みがある部下に、「締め切り重視だから、サクッとこなしてくれればそれでいい」という仕事を任せたら、いつまでたっても終わらず、困り果てることもあるだろう。

「任せる」ときにこそ、日頃の情報収集がものをいうのだ。

問題から「共有」する

ただし、リーダーがたった一人でZPDゾーンの仕事を完璧に見極める必要はない。「ZPDゾーンの仕事は何かを見極める」という課題にせよ、仕事上の問題にせよ、**自分一人の力で解決するより、チームで解決したほうが正解率は高くなる。**

また、解決の材料として必要なのは「情報」である。その情報は、部下を含めたいろいろな人が持っている。**リーダーはまずオーセンティックに――ありのままに――なって、部下と「問題」をシェア**しよう。たとえば「ZPDゾーンの仕事は何かを見極める」という課題なら、次のように部下に問うのだ。

・「A社のプレゼン、君に任せたいがどうだろう？　一人でやれというんじゃない。私が少し一緒にやればきっとできると思う。意見を聞かせてほしい」
・「プレゼンのやり方を教えようか。君にも一人でできるようになってもらいたいからね。そのうえでA社のプレゼン、君に任せたいがどうだろう？」
・「A社のプレゼン、チャレンジしてみたくはないかな？　もしやる気があるなら、任せてみたいが、どうだろう？　遠慮なく言ってほしい」

もちろん**「A社のプレゼン」は、ある程度〝正解〟に近い、リーダーがあらかじめ吟味**

したものであるべきだ。さらに、リーダー自身は「絶対にA社のプレゼンが正解だ」と思っていても、「いいえ、無理です」と、部下がノーを言える余裕も残しておくこと。

こうした問いかけから部下との会話が生まれ（＝課題の共有）、「ぜひやってみたいです」「自信がないです」など、ありのままの反応を部下から引き出し（＝情報収集）、さらに別の部下から「A社のプレゼンは担当者が代わって手強くなりました」といった具合にさらなる情報収集ができれば、チーム内で課題を共有しながら解決にあたることになり、「ZPDゾーンの仕事は何かを見極める」精度も高まっていく。

また、部下の立場で考えれば「A社のプレゼンは君の担当だ」といきなり決められるよりも、リーダーからの〝相談〟をきっかけとして「自分の意思で選択し、A社のプレゼン担当になった」と思ったほうが、自発的になれるし、モチベーションも高くなる。

〝Tell me and I forget, teach me and I may remember, involve me and I learn.〟

これは私がワークショップでしばしば用いる、18世紀のアメリカの政治家ベンジャミン・フランクリンの言葉だ。

「言われたことは忘れる。教わったことは覚える。一緒に取り組んだことは学びとなる」

部下と一緒に取り組み、大いに学んでもらおう。そうやって成長をうながすことは、サーバント・リーダーシップの醍醐味《だいごみ》でもある。人を成長させることで、その仕事について改めて確認することになり、リーダー自身の成長と経験値にもダイレクトに影響する。

小さな決定権×小さな失敗

ZPDゾーンの見極め方を、もう一つ紹介しておこう。

「失敗してもいい仕事」に早いうちにチャレンジさせるのだ。

スタンフォードでは、しばしば〝Fail early, fail often〟と学生にいう。早いうちにたくさん失敗して、その失敗から学んでほしいという精神の表れだ。

ピクサーも、「部下にいかに早く、小さな失敗を経験させるか」を大切にしているという。大きな失敗をさせると部下は潰れてしまうが、早い段階で小さな失敗をさせれば、それを糧に成長できる。

小さな失敗に慣れてきたら、ZPDゾーンが拡大しているはずだから、少し大きなチャレンジをさせる。大きなチャレンジになったら、時には助け舟を出そう。ただし、**あくまで「小さな助け舟」にとどめ、代わりにやってしまってはいけない**。背中を押し、部下を前に出す――ネルソン・マンデラの教えを思い出してほしい。

やり方を教えるのがいい場合もあるが、あえて教えず部下に考えさせれば、自由な発想が出てくるかもしれない。

ポイントは、**小さな決定権を与え、小さな失敗をさせる**。大きな成長をうながすことだ。

部下が「できない仕事を無理やりさせられている」と感じるか、「成長のチャンスを与えてもらった」と感じるかは、日頃からの人間関係によって決まる。

そのためにも、サーバント・リーダーシップを発揮して部下にセーフスペースを与え、本音を言える関係を作っておくことがやはり肝要になってくる。

サーバント・リーダーシップを磨く考え方

「成果の所有主」を意識する

ZPDゾーンを見極めたら、一歩下がって部下の背中を押し、部下を前に出して主体的に課題に取り組ませよう。「前に出るのではなく、前に出す」のだ。

だが、リーダーの役割は、「前に出したところでおしまい」とはならない。ビジネスには必ず結果が伴い、良い結果と悪い結果があるのがシビアな現実だ。

良い結果と悪い結果のそれぞれに適切に対応することも、サーバント・リーダーシップ

の範囲なのである。

契約の成立、売上金額のアップなど、部下のチャレンジによって「良い結果」が出た場合は、**「成果の所有主」をはっきりさせよう。**あなたが手伝ったとしても、教えたとしても、その仕事で前に出ていたのは部下だ。したがって、**その成果は「部下のもの」**である。

部下が成果を上げた途端、それを自分の成果にしてしまうリーダーには、くれぐれもならないように。「私がやって成功した。部下はそれを手伝っただけ」と部下を押しのけたら、たちまち「自分が前に出る思考」に支配されてしまう。

成果を自分のものにすれば、一時は気分がいいだろう。プレイング・マネジャーなら個人の成果になるかもしれないし、部下はそれに対して抗議しないかもしれない。

だが、部下を前に出し、時間をかけて育んできた信頼感という「サーバント・リーダーシップの成果」は、**あなたが前に出て「仕事の成果」を奪い取った瞬間、すべて失われる。**

長期的にみて、いいことは何一つない。

リーダーは後ろにまわり、部下を支援する。部下が前に出た案件は、すべて部下の成果となる。これはサーバント・リーダーシップの「絶対条件」だと覚えておいてほしい。

「ド正直」に評価する――ストレートという戦略

部下が成果を出した場合、「どう評価するか」も大切だ。

個人の成果に対して、日本は高い報奨を与えるケースが少なく、逆にアメリカはかなり高額のボーナスや昇進というはっきりした報奨がある。

また、成果の評価は日本の文化や会社の制度が関係し、リーダー一人で決定できることではない。その中で大切なのは、**リーダーはオーセンティックを貫くこと。すなわち、「正直に、オープンに、公平に」成果を評価すること**だ。

日本は調和を重んじる文化だからか、「主体となった部下も、チームの一員だ」として「成果＝チームの成果」と一緒くたにしてしまいがちだが、私はこれには反対だ。**「みんなで頑張った」と片づけられたら、せっかく前に出た部下は失望してしまう**。

だからこそ、「正直に、オープンに、公平に」考えよう。その結果、それが個人の成果だと思えば、本人に対して「あなたがやり遂げた」としっかり認め、「すごいじゃないか！」と伝えよう。「自分で自分をほめてあげたい」というのはオリンピック・メダリスト有森裕子氏の言葉だが、この気持ちを持っている人は多いし、**上司に認められることは部下にとってお金に勝るとも劣らない大切な評価**だと学術的にもわかっている。

「正直に、オープンに、公平に」考えた結果、成果が「主体となった部下＋チームの協力の成果」という場合も実際にある。**その際は、それぞれを適切に評価**しよう。「今回、担当の〇〇さんは頑張った。すごい成果だ」と、主体となった部下を認めてほめる。それとは別に「今回はチームの協力も素晴らしかった」と認める。

心理学は単純化されるマニュアルではない。したがって、すべてに当てはまるルールはないが、**その都度、誠実かつあるがままに、オーセンティックに評価しよう**。

みんなの前でほめるのがいいのか、一対一でほめるのがいいのか、これもどちらが正しいか正解はない。サーバント・リーダーシップを発揮し、その部下にとってのベストを考えてケースバイケースで判断してほしい。

日頃からセーフスペースでコミュニケーションを取っていれば、「この部下はみんなの前で華やかにほめたほうがいい」「この部下は食事でもして、一対一でひっそりほめたほうがいい」という判断もできるだろう。

リーダーが「前」に出るべきとき

部下の背中を押して前に出し、チャレンジさせ、「良い結果」が出た場合は、成果の所有主をはっきりさせる。ただし、成果がリーダーのものであることは決してない。これがサーバント・リーダーシップの絶対条件だった。

そして**「悪い結果」が出た場合は、必ず責任はリーダーにある。**これもサーバント・リーダーシップの絶対条件だ。

サーバント・リーダーシップは奉仕する精神そのものだが、**失敗の責任をとるときばかりは積極的に力強く前に出なくてはいけない。**強さを備えた奉仕の心が備わってこそ、アサーティブ・リーダーである。

部下の失敗は上司の失敗だ。もし、それによって被害を受けた人がいるなら、真っ先に謝罪しよう。リーダーは部下のために「セーフスペース」を作らねばならないと記したが、同時にリーダーは、**部下にとっての「セーフティネット」**にもなるべきなのだ。

セーフティネットとサーバント・リーダーシップについて考えるとき、私はベレット・コーラー社の社長、スティーブ・ピルサンティを思い出す。ベレット・コーラーはサンフランシスコにある小さいが優れた出版社で、日本でも同社の作品が数多く翻訳されている。私の新作『From Mindfulness to Heartfulness』の出版元でもある。

かつてスティーブはサンフランシスコの出版社ジョシー・バスの幹部社員だった。アメリカでは、大手の出版社が経営・販売を行い、その傘下で小さな出版社が独自の出版活動を行うことがよくある。ジョシーもそのタイプで、ニューヨークにある大手出版社マクミランの傘下にあった。

１９８９年、スティーブはマクミランから電話を受ける。「業績が落ちている。マクミラン傘下のすべての会社で10％のコストカットが必要だ。ついてはジョシーでも、８人リストラしてほしい」

いってみればマクミランはジョシーの親会社のようなもので、命令は絶対だ。しかし、スティーブは納得できなかった。マクミラン全体の売上は下がったかもしれないが、その年のジョシーはヒット作に恵まれ、前年比44％増の利益を叩き出していた。チームは成果を出しているのだ。全社員68人の小さな会社だからこそ、８人を身勝手な都合で辞めさせることはできない。

スティーブは経営陣と相談し、マクミランの要求を拒否すると決定。部下のセーフティネットになろうと、一歩を踏み出した。

リストラ要請に「ノー」をつきつける書類を送ったが、そんなことですむはずがない。彼の上司とともに、スティーブはニューヨークに呼び出された。

場所はアメリカを代表する格式ある老舗ホテル、ウォルドーフ＝アストリア。ずらりと並んだマクミランの経営陣の前に出たのは、スティーブだけだった――スティーブの上司は現れなかったのだ。マンデラとは逆の意味で「前に出された」というわけだ。

マクミランの経営陣は、リストラ決行を迫った。だが、一人になっても彼は頑として首を縦に振らなかった。

「我が社にとって正しくないリストラなど、私にはできません」

こうしてカリフォルニアに戻ったスティーブを待っていたのは、マクミランに説得された彼の上司と人事部長だった。

「命令に従えない君を、我がジョシーは解雇する」

午後2時。その日のうちに、スティーブは職を失った。

これは、部下をリストラから守ろうとして、自分が犠牲になったサーバント・リーダーの悲劇ではない。なぜなら、**解雇されたスティーブのもとに、たくさんの支援の手が差し伸べられたのだ。著者や書店、出資者が、今度はスティーブを「前に出す」ために、背中を押してくれた**。

「応援するよ。君自身が新しい出版社を作ればいい」

こうして1992年、スティーブが率いる「ベレット・コーラー」は創立された。

これは、部下に奉仕し、部下のセーフティネットになるというスティーブのサーバント・リーダーシップが、多くの人にこう訴えかけたからではないだろうか。**「この人は、本物のリーダーだ」**と。

人に奉仕し、成長するように手を貸し、背中を押して前に出し、何かあればセーフティネットとして守る。このサーバント・リーダーシップを、スティーブは体現している。

また、サーバント・リーダーシップは、教員という仕事そのものでもある。

率直に記せば、「一流大学を出て教員になるなんて、もっと儲かる仕事があるのに」という声があることは承知している。

それだけ「人に奉仕する」というのは、割に合わないことだと考える風潮があるのだろう。この章の初めに述べたように、「部下に奉仕するなんて損だ」と誤解している人もいる。

だが、あなたも実際にサーバント・リーダーシップを発揮してみれば、チームメンバーから必要とされ、長きにわたって信頼を寄せられ、そしてチームの成績も上昇する――そんな素晴らしい効果を実感するはずだ。

ベレット・コーラーのスティーブがチームを守ったときの気持ちに思いを馳せながら、

〝もう一人のスティーヴ〟である私は、スタンフォードで教壇に立つ。

未来を担う学生たちのあらゆるスキルに磨きがかかるよう、彼らに奉仕すると決めている。

自分が前に出るのではなく、彼らの背中を押して、前に出すために。

4
章

Transformative Leadership

――チームに「変容」をもたらす

Episode of Tenzin Seldon「ダライ・ラマを動かしたチベット人学生」

――**「変化は、避けられないことに巻き込まれて『起こる』ものではない。自ら困難と闘い、『起こす』ものだ**。背筋をまっすぐに伸ばし、自由のための努力を続けよう。背中を丸めない限り、誰もあなたの上に乗ることはできないのだから」（Martin Luther King, Jr.,『The Stanford Daily』2012.11.05）

人種差別と闘い、〝I have a dream〟の演説で知られるキング牧師ことマーティン・ルーサー・キング・ジュニアは数々の名言を残しているが、彼の志を継ぐ者はたくさんいる。スタンフォード大学の卒業生、テンジン・セルドンもその一人だ。

テンジンはチベット難民として、家族とともにアメリカ西海岸にやってきた。両親はバークレーでチベット小物を売るささやかな雑貨店を始めたが、暮らしは厳しい。兄二人は高校卒業後すぐに働き始めたが、彼女は無料で通える地元のコミュニティカレッジに進学した。２年間学んだのちに、スタンフォード大学に編入したのだ。

テンジンには夢があった。チベットと中国の平和を実現すること。

「チベットは中国の一部」とする中国政府と「チベットは独立国だ」と主張するチベット自治区の対立は根深く、いまだ解決をみない。テンジンの家族も、民族的な国際問題に巻き込まれ、国を追われた。一人の女子大生が、チベット自治区も中国も納得するように地域を「変える」には、状況はあまりに厳しく、また大きく思える。

それでも彼女はミッションを果たそうと歩み始めた。**自分にできる、小さな一歩から**。

アメリカの大学運営は、学生にも発言権がある。そこでテンジンは学生自治会に入り、学生代表として会議に参加。まずはスタンフォードの学生に変化を起こすことから始めた。最初から大きな変化は起こせない。でも、今、目の前にある小さな問題に対して行動し、小さな変化を起こすことはできる。

“Think Globally but Act Local”（地球規模で考え、自分の足元から行動する）

これが彼女のスローガンとなった。

変化を起こす道のりは、平坦ではない。アジア人らしく穏やかで温かく、その芯に熱い情熱と強い志を秘めているテンジンの発言が注目されるようになると、事件が起きた。中国政府が彼女のコンピュータをハッキングしたのだ。

パソコンはいまやその人のプライバシーの塊であり、自由への侵害にほかならない。キング牧師が言うように、闘う者の背中は、いつも上に覆いかぶさろうとする大きな力に狙われている。

しかし彼女は、まっすぐ背中を伸ばしていた。何とチベットの象徴ダライ・ラマにコンタクトを取り、「スタンフォードの中国人留学生に、平和について話してほしい」と依頼したのだ。中国政府に向かい、こう宣言するかのように――「私は負けない」と。

ダライ・ラマとの会談は見事に実現し、メディアに報道されるなど大きな反響を呼んだ。テンジンはまた一歩、進んだのだ。


テンジンはスタンフォードを卒業後、オックスフォード大学で学び、現在はサンフランシスコで難民支援のためのNPOを運営している。彼女の小さな一歩は、着実に前に進んでいる。人々に、平和という「変化」を起こす道を。

＊＊＊

テンジンは私の教え子でもある。

「先生、新しい心理学の授業を考えてください。学生がリーダーへと変われるようなプログラムが必要です」

彼女のこの言葉が、私が新たにリーダーシップ・プログラムを開発するきっかけの一つにもなった。**トランスフォーマティブ・リーダーシップ**。私たち一人ひとりに、**自分にも、そして他者にも「変容をもたらす力」**が必要だと、彼女はその言葉と自らの行動によって、改めて私に教えてくれた。

新入学でも編入でも、アメリカの大学はエッセイ（小論文）が非常に重視される。そしてスタンフォードの編入生はかなり珍しい。合格率は限りなくゼロに近い難関だからだ。「自分だけでなく、チベットと中国の人々を変えたい。地球という大きなチームを動かして、変えたい」

その信念の力で、テンジンはスタンフォードの門を自ら開けたのだ。みなのために尽くすサーバント・リーダーシップの持ち主であり、あのダライ・ラマを動かしたことが示すように**変容をもたらすトランスフォーマティブ・リーダーシップ**も兼ね備えているといっていいだろう。

彼女はオックスフォードで「ローズ奨学金」を得た。世界最古の奨学金制度で、学費ばかりか生活費も支援されるだけに、年に数人しか付与されない。学業の優秀さだけでなく、その人の活動が重視され、クリントン元大統領も奨学金を得た一人だ。

アメリカにはNPOを立ち上げたり起業したりして、「変化を起こそう」という若者がたくさんいる。「有名になりたい。パワーがほしい」というエゴが全面に出ている者も多いが、テンジンの場合は**「my people――みんなのために」**という謙虚さが真っ先にある。加えて、ハッキングされれば中国政府にも敢然と立ち向かい、ダライ・ラマに登場してもらうように働きかける強い主張もできる。

エゴと謙虚さのバランスが取れたアサーティブ・リーダーで、「状況を変える力」を持っているのだ。

この章では、彼女のように人を動かしチームに変容をもたらす「トランスフォーマティブ・リーダーシップ」についてお伝えしよう。

とはいえ、あなたに「政府に立ち向かえ」とか「日本の国力を高めなさい」などと、いきなり大きなことをすすめるつもりは毛頭ない。

まずは小さくて重要な一歩から――**自分と、自分のチームを変えるスキルを養っていこう**。それが、トランスフォーマティブ・リーダーシップを磨く第一歩となる。

自分を変容させ、そのうえでチームを変容できる力を身につけること。これこそが、トランスフォーマティブ・リーダーシップなのである。

「変化」をもたらせるようになる

「トランスフォーマティブ」とは何か？

“Education as transformation”

私はしばしば「transform」という言葉を用いる。心理学のみならず、哲学や文学の授業でもよく使われる単語で、日本語でいう「変化」よりも、**もっと本質的に変わる「変容」**というニュアンスだ。

子犬が成犬になるのが変化であるなら、卵からヒヨコになるのが変容だ。卵が青虫に、青虫がサナギに、サナギが蝶になるのは、まさにtransform（変容）そのものだ。

心理学で見た人間の発達についても、transformの比喩が用いられる。生まれたときはありのままの自分の本質（whole）だが、経験や育った環境、心の傷などで、だんだんそれが変容していく。そうして自己がわからなくなってしまう。

これは、本来の自分が悪い方向に変容してしまう例だ。本当は蝶になれる可能性があるのに、「自分は青虫だ」と思い込んでしまう。サナギの状態のまま閉じこもって、現状維持で毎日暮らす。

しかし、本来の変容――成長とともにサナギから蝶になる――を遂げれば、自分の力を最大限に発揮できるようになる。つまり**心理学でいうtransformとは、本質から変わる「変容」であると同時に、自分が本来持っている可能性を引き出し、活用して開花させる**という意味もある。

変容の教育――〝Education as transformation〟、この理念を教えてくれたのも、リチャード・カッツ博士だ。

医学や教育学系の学生は、知識をつけるだけでなく自分自身が変わり、成長しなければならない。なぜなら彼らは、いずれは患者を治したり、学生を育てたりする「相手を変容させる仕事」に就く。したがって若いうちから、深いレベルで変化をもたらす「変容の教育」を自ら実践し、体験しておくことが必要だ――これがカッツ博士の考えだった。

スーパー学生が「忘れた授業」と「憶えている授業」

心理学の知見で自分を変えるという、トランスフォーマティブ・リーダーシップの授業。始めたきっかけは冒頭で紹介したテンジンのリクエストだが、今ではこの授業は未来を担う学生たちになくてはならないものだと実感している。

彼らはおしなべて優秀だが、前述したようにダック・シンドロームに苦しんでいることも多い。これはすなわち、本来有していた能力や可能性が閉じ込められ、サナギのままでいるリスクをはらんでいる。

さらに彼らが生きる未来は、猛スピードの変化にさらされている。変化しなければ生き残れない過酷な時代だ。特にスタンフォードの卒業生は、テクノロジー業界など、世界最速の変化の中で働く者も多い。そこで彼らには、まわりの変化に流されることなく、自ら変容する強さと柔軟性を備えてほしいと願っている。

ある年の卒業式で、こんな話をしてくれた学生がいた。

「僕は授業で、何を学んだかほとんど覚えていない。覚えているのは、先生の授業だけ。それは知識を教わっただけでなく、先生の授業で、僕が変わったからだと思う」

彼はGPA（Grade Point Average＝成績総合評価）が高く、オールAの優等生だった。つまり、どの授業もしっかりと受けていたはずだが、彼がいうには、ほかの授業で学んだのは「試験のための知識」だった。

「先生の授業は、僕の人生に役立つことだった」

彼とハグしながら、私は教員としての喜びと誇らしさ、そしてトランスフォーマティブ・リーダーシップの重要性を強く感じた。

ただ、教えるだけでは意味がない。相手が変わってこそ、心理学という学問は生きてくるのだから。

最も「業績」を上げるリーダーのタイプ

ビジネスの現場において、「変化」はそもそも必要不可欠だ。

ドイツの情報通信技術会社数社の従業員を対象にした、興味深い調査がある。「あなたの上司のリーダーシップ・スタイル」について回答してもらい、変容をもたらすリーダーと、業績および従業員の満足度の関連性を調べたのだ。

各社の従業員には、「あなたのリーダーは、知的な刺激を与えてくれているか／優れた業績に好意的なフィードバックをくれるか／自分がグループの目標に向かって貢献していると実感させてくれるか」などの設問に答えてもらい、当てはまるリーダーほどトランスフォーマティブ・リーダーシップのレベルが高いとした。

その結果、**高レベルのトランスフォーマティブ・リーダーシップを持つリーダーが率いるチームは、ほかのタイプのリーダーが率いるチームよりも業績がよく、メンバーの満足**

度も高いことが明らかになった。

トランスフォーマティブ・リーダーシップを備えたリーダーは、従業員に信頼されていた。チームに「この仕事には意味がある」と手応えを感じさせ、一人ひとりに、挑戦と成長のチャンスも与えていた。

これは、**「変化させ、発展させる」というトランスフォーマティブ・リーダーシップが、従業員の幸福感にプラスの効果をもたらす**というエビデンスだ。そして、それが紛れもなくチームの成果につながっていたのである。


「この世に生き残るのは、力のある者ではなく、知識を持つ者でもなく、変化できる者だ」

これは進化論で知られる生物学者チャールズ・ダーウィンの言葉である。

あなたも自分とチームに変容をもたらし、厳しいビジネスの現場を生き抜いてほしい。

「2章」を継続する

リーダーは、「チームを変えよう、部下を変えよう」とするが、**まず自分が変わらなければ、相手は変わらない**。これが**トランスフォーマティブ・リーダーシップの大前提**だ。

自分自身は今までのままで、相手だけをいきなり変えようとしても理解は得られないし、無駄な軋轢《あつれき》も生じる。

逆にいうと、リーダー自らが変化できるチームであれば、やがてメンバーも誰かに「変えられる」という姿勢ではなく、**自ら「変わろう」とする主体性を持つ**ようになる。

これこそ、リーダーが自ら変わることでメンバーとチームに「変わる力」をつける、トランスフォーマティブ・リーダーシップで目指す境地である。

リーダーであるあなたが変わるために、まず**2章で説明したオーセンティック・リーダーシップ（特に「脳の可塑性」）を大いに利用**しよう。脳レベルで自分を変える下地を作っておくのだ。十分な休息、シングルタスクの習慣などを日常的に取り入れることも有効だ。そのうえで、本章で取り上げるチームに変容をもたらすトランスフォーマティブ・リーダーシップを身につけていこう。

トランスフォーマティブ・リーダーシップが身につけば、いかなる環境の変化にも適応し、成果を出せる。そしてリーダーもチームメンバーも、変化できる力を養うことによって個人としても成長していけるだろう。

「いつでも変われる」「どんな状況でも対応できる」という気持ちは自信にもつながるから、積極性、主体性も強まり、やがて本書が理想とするアサーティブ・リーダーの資質も高まっていく。

変わりたいのに変われないリーダーたち

能力を抑え込む「厄介なマインド」

リーダーが変わればチームも変わる。そしてリーダー自身、「変わらないといけない」と考えている。だが、実際のところ、変わるというのは難しい。

この根本には、「人はそう簡単に変われない」というリーダー自身のマインドセットがある。

マインドセット（mindset）とは一般に、経験、教育、先入観から形作られる、その人の思考様式だ。

スタンフォードの教授キャロル・ドゥエック博士はマインドセット研究の第一人者として知られており、私は彼女がハーバードにいた1980年代から知っている。**「知性も含めた人のパフォーマンスは、努力次第で向上する」**という博士の研究は、日本に昔からある「やればできる」という信念を裏打ちするもので、私にとっては非常に刺激的だった。

ドゥエック博士によれば、マインドセットには2種類ある。**「fixed mindset（固定されたマインドセット）」**と**「growth mindset（成長のマインドセット）」**だ。

fixed mindsetは、「どうせ変われない」という思い込みだ。このマインドセットの人は、新たに学んだり、成長のためにチャレンジしたりしない。前例にないことをして批判されないよう、失敗して恥をかかないよう、「現状維持」のまま、賢く優秀に見えるように振る舞う。

fixed mindsetのリーダーは、自分が「変われない」と思っていて変わらないばかりか、部下が変わらないよう、部下の気持ちや能力まで〝固定〟してしまうからたちが悪い。

「うーん、気持ちはわかるけど、君には無理じゃないかな」
「これは難しいよ。前にも出た企画だけれど失敗した」
「失敗したらどう責任を取るの？　きっと損をするからやめておきなさい」

これでは部下は、「自己否定」されたように感じる。チャレンジできず、成長と学びの機会を失い、変わることができない。なにより、そんなリーダーに尊敬や信頼の気持ちを抱くことはない。むしろ、人心は離れていく。

大切なのは、リーダー自身が「変われる」と信じ、「growth mindset」になることだ。

ドゥエック博士によると、**「弱さを見せる勇気を持ち、リスクをとってチャレンジする**

姿勢」でいれば、成長のマインドセットを育むことができる。

すべては「解釈」次第——地位は毒にも薬にもなる

いかにgrowth mindsetが大切だと理解していても、fixed mindsetは根深い。

「そう簡単に自分が変わるわけがない」「部下やチームを変えるのは無理だ」と、一向に自信が持てないリーダーもいるだろう。

「いきなり『リーダーになれ』と言われた。私にはプレイヤーが合っているのに、リーダー役に変われというのは無茶だ」

あなたはもしかしたらなりたてのリーダーで、そんな戸惑いを抱えているかもしれないが、これは変化のチャンスだ。**人は「環境」によっても変わる。**埋もれていた部分が、突然伸びていくこともある。このように思うのは、私自身、経験があるためだ。

私が少年時代を過ごしたのはマサチューセッツ州バークシャー郡。避暑地として栄えた土地で、今も夏になるとボストン交響楽団の拠点となる。前述したように住人は白人ばかりで、私は中国人に間違われたり、「ジャップ」と呼ばれたりすることもあった。

10代の私のポジションは〝性格のいいチームプレイヤー〟。成績も良かったし、わりになんでもできたのだが、積極的ではなかった。そもそもアメリカのステレオタイプでは、アジア系の男はリーダーにはなれない。

ところが27歳になり、自分を見つめ直そうと日本に初めて帰ったとき、**私は不思議なことに堂々と振る舞い始めた**。そしてアメリカに帰ってからも、アメリカで接したアサーティブ・リーダーのように積極的に自己主張をし、はっきり自分の意見を言うようになったのだ。「環境の変化」がきっかけだったと思う。

私はアメリカにいるときはパッシブで、日本に戻ったときは積極的だった。つまり、私の中には両方の要素があったのだ。

それをはっきりと自覚し、バランスを取ろうとしたときが、私の変容の始まりだったと思う。アメリカだけで過ごしていたら、私は「消極的なアジア人」として就職し、サナギのままで生きるようになったかもしれない。

環境の変化は、変容を起こす良き刺激となる。あなたがこれまでプレイヤーとして働いてきた部署を離れて、新しくチームのリーダーになったのなら、それは環境の変化で自分が変わる絶好のチャンスだ。ぜひ、「成長のマインドセット」を育てていこう。

「役割性格」にとらわれることは危険だが、**時として役割が人を育てることもある**。

あなたはリーダーなど無理だと思っているし、実際できていないかもしれないが、リーダーに抜擢されたなら、あなたには「リーダーになれる可能性がある」ということだと自覚してほしい。

上司でなく「メンター」になる

リーダー自身が変われるという「growth mindset」に切り替えたら、いよいよチームを変える準備をしよう。

組織心理学の第一人者バーナード・バース博士によると、リーダーがチームを変えるには、4つの「I」で始まる要素が必要となる。

① Individualized（「個人」に働きかける）：**メンバーを「チーム全体」ではなく「一人の人間」として尊重**する。上司でなくメンターになろう。そして、一人ひとりの感情や欲求を知り、コンパッション型の共感をして適切な手助けをし、ありのままの姿でコミュニケーションをとろう。チャレンジの場を与えて、モチベーションを高めることを忘れてはならない。

② Intellectual（「知的」に刺激する）：**新たな課題に挑戦し、リスクを取ろう**。メンバーからアイデアを求めよう。メンバーに刺激を与え、創造性を高める。自分の頭で考え

られるようにし、学びの大切さを教える。学びの機会を与えることを忘れずに。

③Inspirational（「心」を引きつける）：**わかりやすく明確にビジョンを伝えよう**。リーダーは魅力的で、やる気を起こさせ、高水準であること。「できる」という前提で、なぜその仕事が必要か、「働く意味」を伝えよう。目的意識を持つこと。**ビジョンを共有するためのコミュニケーションが欠かせない**。

④Idealized（「理想のモデル」となる）：人、社会、環境に配慮する**「エシカルな行動」で、理想のロールモデルとなろう**。信頼と尊敬を集める人を目指そう。

初めてトランスフォーマティブ・リーダーシップという言葉を用いたのは作家のジェームズ・バーンズで、彼は政治家の評伝を書いていた。それを心理学的なリーダーシップに当てはめたのが、バーナード・バースだ。

そのまま現代のビジネスパーソンが行うのは、いささかハードルが高い。そこで本書では、エッセンスはそのままに、実行しやすいメソッドに落とし込んで紹介していきたい。チームを動かすために、4つの「I」の1番目——チームではなく、メンバー一人ひとりに個人として働きかけ、**「モチベーションを高めること」**から始めよう。

モチベーションの科学――どうすれば人が動く？

人の「意欲」が増すきっかけ

1961年に行われた、第35代アメリカ大統領ジョン・F・ケネディの就任演説に、こんな一説がある。

〝Ask not what your country can do for you —— ask what you can do for your country.〟
「国があなたに何をしてくれるかを問うのではなく、あなたが国のために何をできるか自問してほしい」

これをビジネスパーソンに置きかえれば、「会社が自分のために何をしてくれるかではなく、自分は会社にどんなことができるか、一人ひとりが自分で考えよう」となる。

この意識があればチームは変わる。〝We are the Leaders〟の原則からも、リーダーが働きかけなくても、チーム一人ひとりが自発的に「変わろう」と決めて変わるのが理想だ。

ケリー・マクゴニガルも『スタンフォードの自分を変える教室』（大和書房）でwillpower（意思の力）の大切さを述べているが、**リーダーが外側から「変える」よりも、本人が「変わる」と決め、意思の力を持つほうがはるかに強力**だ。そこに行動が加わったとき、人は変わる。

だが、リーダーが黙ったまま、「メンバーが自発的に変わろうと意思の力を持ってくれるのを待つ」わけにはいかない。理想と現実には、常にギャップがある。

そこで、**チームメンバーの「変わる」という強い動機、すなわちモチベーション**を引き出そう。「この仕事は無理だ」と思うのではなく、「自分はできるようになる」と本人が強く思い、行動するように導くのだ。

ところが、モチベーションについて、多くのリーダーはつい、間違いを犯してしまう。「馬にニンジン」のごとく、ボーナスや特別休暇といった外側からの要因で、やる気を出させようとするのだ。

ボーナスなどの「extrinsic motivation（外的モチベーション）」と本人のうちから湧き出る「intrinsic motivation（内的モチベーション）」には明確な違いがある。より強力なのは、「内的モチベーション」だ。

内的モチベーションと外的モチベーションを比較したある研究では、**しっかりと内的モ**

チベーションがある場合は、「ボーナス2倍!」という極端に高い外的モチベーションを提示した場合よりも、高い成果が出ることがわかっている。

さらに別の研究では、**外的モチベーションは役に立たないどころか「害がある」**ことがわかった。特に**創造性と主体性が必要な仕事では、「ボーナスを出すからいい企画を出せ」という外的動機付けがやる気を損ね、結果も出ないことにつながる。**

創造性と主体性という、ビジネスにとっても部下の成長にとっても一番大切なことが、「目先のニンジン」で台無しになってしまうのだ。

「長続きしない」のはなぜか——ほめてもダメ

お金や地位という外的モチベーションは効果がないどころか害になるなら、もっと別のやり方はどうだろう? 人の心理をくすぐり、「ほめる」「名誉を与える」作戦だ。

「マーケティングのセンスは誰にも負けないね」

「チームで、君は一番プログラミング技術が高いよ。みんな認めている」

これは個人にフォーカスしているし、かなり効果がありそうだ。

そこでこんな実験がある。チームのうちの一人に「君が企画力ナンバーワンだ」と伝えたうえで、チーム全員に同じ課題を与えた。

すると、企画力ナンバーワンと言われたメンバーは、パフォーマンスも優れていたし、熱心に働いたし、ほかのメンバーに対しても協力的だった。「チーム全体の成果」という視点も持てていた。

ところが、**これは長続きしなかった。**当初はモチベーションになっていた「企画力ナンバーワン」という高い評価に、その人はやがて満足しなくなってしまうのだ。

「ボーナス2割増」という外的モチベーションはすぐに当たり前になり、「ボーナス3割増」「5割増」と際限なく増やしていかないと、やる気が長続きしない。

だが、**「お金」というわかりやすいものではない「君は優れている」という個人にフォーカスした評価であっても、それが外的モチベーションである以上、長続きしない**のである。

「皆、無気力」になる仕組み

「達成すれば特別ボーナスだ！」という外的モチベーションで人を変えようとしても不可能であることは、おわかりいただけたと思う。これに関してもう一つ、注意してほしいことがある。**「脅し」の外的モチベーションを用いていないか**ということだ。

罰を与えたり脅したりするような方法も、心理学では外的モチベーションの一部とされている。「失敗したらボーナスはカットだ」ほど具体的ではなくても、「今回できないなら、君にはもう期待しない」「これがラストチャンスだ」という言い方で、あなたは部下にプレッシャーをかけ、力ずくで変えようとしていないだろうか？

明らかに効果がないのだから、思い当たる節があれば改めてほしい。**リーダーが軽い気持ちで口にしたとしても、部下には耐えられないダメージとなる可能性もある。**

ポジティブ心理学の父と呼ばれるマーティン・セリグマンの有名な実験がある。

セリグマンは楽観的でポジティブであること――「大丈夫」と信じられることがいかに重要かを証明するために、その逆の実験をいくつも行っている。

たとえば犬に電流でショックを与える実験では、3つの小屋が用意される。

- 電流が流れない普通の小屋A
- 犬が頭を動かしてスイッチを押せば、電流を止められる小屋B
- なにをどうしようと電流を止められず、犬が激しい電撃を食らう小屋C

犬は2匹1組とする。どの小屋にも2匹犬を入れ、1匹は実験を受け、もう1匹は電流がこない安全なクッションに座らせて、仲間の様子を観察させる。そして何度か電流を流したあと、選手交代。今度はクッションの上で観察していたほうの犬を小屋に放って、その様子を記録した。

仲間と一緒に電流が流れないAの小屋にいた犬には、特に変化はない。

仲間の様子を見て、「頭を動かせば電流は止められる」と学習していたBの小屋の犬は、自分が電流を流されたら、すかさず頭を動かしてスイッチを止める。

そして哀れなCの小屋の犬は、電流が流されても抵抗すらしない。どんなに逃げ回っても、結局電撃を食らって苦しむ仲間の姿を見ているから、「何をやっても無駄だ」とあきらめてしまうのだ。これを**「学習性無力感」**という。

これはセリグマンの初期の研究で、犬好きの私としては目を背けたくなる。今では動物虐待や非倫理的なものと見なされ、なかなか実施できない実験だろう。

実験の是非はともかく、パワーハラスメント、モラルハラスメントについての意識が高まった今、ビジネスの場で脅すようなリーダーは減っていると思う。だが、**見せしめのように一人の部下に厳しくしただけでも、チーム全体が無気力になって動かなくなる**。集団では感情が伝染することを、思い出してほしい。

学習性無力感は、「やってもダメだ」という仲間の様子を見たときだけでなく、**「何をやっても回避できないストレス過多の環境」に置かれた人にも起きる**。

つまり、「何をやっても変わらない」という環境が長く続けば、メンバーはみな、無力感を〝学習〟し、そこに現状維持バイアスも加わってより変化を拒むチーム体質になってしまうのである。

人は「助かる」と面と向かって言われると弱い

メンバーを外側から変えようとしたり、長続きしない方法で変えたり、「変わるのは無理だ」とあきらめさせたりしてはならない。それでは、リーダー失格だ。

「内的モチベーションを正しく引き出す方法」は、次のようになる。

①「仕事の目的」と「メンバー個人の目的」をつなげる
②リーダー自身が変化し、「ロールモデル」になる
③メンバーが自分の仕事に「主体的」に取り組めるようにする
④「メンバーの強みと弱み」を理解する
⑤メンバーの能力を高め、変化をうながす「チャレンジ・タスク」を与える

まずは1つ目の、「『仕事の目的』と『メンバー個人の目的』をつなげる」についてだが、これに関するスタンフォードの名誉教授ジョセフ・バーガー博士による、社会心理学的見地からのトランスフォーマティブ・リーダーシップの研究がある。

バーガー博士によれば、**メンバーの「個人的な目的」を「全体の大きな目的の一部」に変化させたとき、そのメンバーから自発的にモチベーションが引き出せる**というのだ。

つまり、メンバーの目的が「お金がほしい」「自分の売上を上げたい」という個人的なものだと、モチベーションは実はさほど上がらない。

「自分の売上を上げると、会社全体の業績が上がる。上半期の目標達成に貢献できる」

「上司に言われた資料作りは地道な作業だ。でも、この資料があれば、会社のビッグプロジェクトのプレゼンが、説得力のあるものに変わる」

このような思考に切り替わったとき、人は真にやる気になるのだ。

バーガー博士は、リーダーはこうした変化を起こすために、**「上司という高いポジション」が持つ影響力を使ったほうがいい**としている。

1977年のバーガー博士の共同研究によれば、**集団の中では、ポジションが高い人ほど、集団のメンバーに対して影響力が有意に強くなる**ことがわかっている。

仮に、あなたが入社2年目の若手から「□□さんの仕事は、我が社にとって重要です」と言われたらどうだろう？「誰の意見でも素直に聞くべきだ」と頭ではわかっていても、その言葉で「よし、やるぞ！」とは感じにくい。逆に不愉快になるかもしれない。

だが、同じことを上司や幹部社員、社長に言われたら、「そうか、私の仕事は意味があるのか。期待されているんだから頑張らないと」と思うのではないだろうか。
いい・悪いは別として、それが人間の心理なのだ。

人はみな、個人として感じる「個人的な生き物」だ。そこでリーダーは高いポジションの影響力を使い、「君の頑張りが必要だ」とまず個人にアプローチしよう。

「君の立場ならわかるだろう」とか「仕事だからやりなさい」と役割にアプローチしたり、機械的に「この仕事を頼む」と割り当てたりしてはいけない。**ありのままのオーセンティックな態度で、サーバント・リーダーシップで築いた奉仕の心で、「この仕事はあなたに合っているし、成長に役立つはずだ」と伝える。**

そのうえで、**「あなたの頑張りは全体の利益になる」と大きな目的につなげる**のだ。

全体の利益に言及するとき、「会社全体」に限定しなくてもよい。**「社会全体の利益」**というエシカルな観点でもいいだろう。

環境や社会に配慮することはどの企業も取り組んでいることだし、そうした高い視点を持つリーダーは、信頼と尊敬を集める。

なかなか難しいことではあるが、バース博士が言う「変革に必要な4つの要素」の一つ、Idealized（「理想のモデル」となる）につながるだろう。

「ベスト・チャレンジ」を与える

さて、内的モチベーションを引き出す5つの方法のうち、2つ目の「リーダー自身が変化し、『ロールモデル』になる」は、すでに述べた通りだ。リーダーが変わらなければチームは変わらない。

3つ目の「メンバーが自分の仕事に『主体的』に取り組めるようにする」、4つ目の『メンバーの強みと弱み』を理解する」は、前章のサーバント・リーダーシップを用いてほしい。

ただし、**人を動かす「変容力」を発揮するには、サーバント・リーダーシップのような背中を押す小さなチャレンジよりも、もっとハードルの高い「大きなチャレンジ」が必要**となる。

それが5つ目の「メンバーの能力を高め、変化をうながす『チャレンジ・タスク』を与える」だ。

「チャレンジ・タスク」とはどのようなものかを考えるために、3章のZPDゾーンを思い出してほしい。奉仕の心を持ったサーバント・リーダーが部下に任せる領域は、「上司が少し手伝えば、部下ができるようになること/上司が教えれば、部下ができるようになること/部下がチャレンジしたがっていること」だった。

だが、変容させるトランスフォーマティブ・リーダーシップを発揮するなら、部下に与える「チャレンジ・タスク」は**かなりの背伸びが必要なもの**がいい。そうすれば部下は努力せざるを得ないし、努力によって能力が高まれば、変容し、成長できる。

ただし、高いレベルのタスクを与えれば努力するほど、人間は単純ではない。そこでリーダーが、「適切なチャレンジ・タスク」を選定することが大切になる。

選定の基準としては、まず**本人の目的と全体の目的につながるもの**を選ぼう。「この目的を果たすには、君の力が必要だ」と明確なゴールを提示すれば、何を目指せばいいのかが部下にはっきりと伝わる。また、「自分の仕事がチームの仕事につながっている」と感じさせることができれば、努力に不可欠なモチベーションを内側から引き出せる。

具体的には、「これまでは上司が手伝ったり教えたりしていたが、**部下が一人でやったことがないこと**」「初めての仕事だが、**これまでやった仕事の『応用問題』**としてチャレンジできそうなこと」を選ぶといい。

モチベーションを高めたメンバーが、「チャレンジ・タスク」をやり遂げて成果を出せば、そのメンバーは成長し、変化を遂げる。チームの目標も達成できるから、リーダーにとっては一石二鳥だ。

そのためにリーダーは、「チームの目的」を部下にしっかりと伝えなければならない。

前述したように、チームの重要事項を自覚しているメンバーは、リーダーの想像以上に少ないのが現実だ。

そこで、「この目的のために頑張ろう！」と部下の心を揺さぶり、動かす必要があるのだが、心理学にはそんなチーム事情を打破するうえで役立つ最強のツールがある。**「ストーリーテリング」**だ。

「ストーリーテリング」の力――古来、人が心動かされてきた仕組み

チームの目標が「自分ごと」になる

私はスタンフォードの授業で、よく**「ナラティブ心理学」**（Narrative Psychology）を用いている。このテーマで本も執筆しており、『Multicultural Encounters：Case Narratives from a Counseling Practice（多文化の出会い：カウンセリングにおけるナラティブの事例）』は、アイデンティティの発達を理解するためにナラティブ心理学を取り入れたものだ。

ナラティブ心理学は1986年に社会心理学者のセオドア・R・サービン博士が著書『Narrative Psychology』で発表した概念で、**人間の生活や思考において、物語性（ストーリー）がどのような役割を果たすかを研究する学問領域**だ。

サービン博士によると、古今東西語り継がれるあらゆる物語は、「人間はどのように行動するのか」を研究したデータの宝庫だ。ゆえに人がどう感じ行動するかは、ストーリーによって解き明かすことができるというのが彼の主張である。

人は事実をばらばらの事象として理解するのではなく、すべてをまとめ上げた「ストーリー」として理解しているし、それがわかりやすいものであればあるほど、人と共有しやすくなる。

長らく「ナラティブ心理学は教育学部で教えること」とされていたが、ここ数年、ビジネスにも役立つと評価され、ハーバード・ケネディスクール・オブ・ガバメントでは数多くの授業が行われている。ピクサーのような企業の「ストーリー戦略」も、ナラティブ心理学の応用だ。

物語には太古から、人の心を引きつけ、感情を動かす力がある。歴史上の偉大な人物は、「物語」があるから記録され、今の世の中までその人物像が伝わっている。彼らの物語から教訓や文化が生まれ、精神性が受け継がれている。

神経科学と経済学を融合させた「ニューロ・エコノミスト」であるポール・ザック博士によると、**物語は聞く人の注意を引き、脳を刺激する。**物語を聞くと、行動を起こす脳内化学物質、オキシトシンが分泌されるのだ。オキシトシンは共感にも関連するから、**物語の語り手と聞き手は「つながり」を得ることができる。**行動と共感をもたらすなら、物語は間違いなく部下の指導やチームづくりに役立つだろう。

人は感情で動くから、「私の目的はリーダーとして会社から与えられた数字を達成することで、我がチームの目的は上半期で契約件数１０００件を目指すこと」とリーダーが言ったのでは、部下たちの心はピクリとも動かない。変容をうながすどころか、話すら聞いてもらえない可能性がある。

また、部下のモチベーションを引き出す際、「君が５００万円の契約を取れば上半期の売上目標の10分の1となり、役目を果たせる」という話ではやる気にならない。

だが、**「部下自身」を主人公にした感情のストーリーであれば話は変わる。**

「君」が５００万円の契約を取るのは「君個人」の目的や情熱とつながり、その努力は結果的にチーム全体の「目標達成」、つまりハッピーエンドに結びつくという物語だ。

そのために使える武器、現れる敵や試練、そしてまわりの協力や応援を、「君自身」の成長と情熱とからめて物語として提示する——これが人を動かす「ストーリーテリングの力」である。

ストーリーの力で、部下の目的と全体の目的をつなげ、やる気をかきたてよう。

話すべきは「自分・自分たち・現状」の話

リーダーが目的をチームに伝えて理解してもらうためにも、モチベーションを引き出すためにも、ナラティブ心理学は役に立つ。

もちろん、説得力がある話し方として「目を見て話す」といった基本的なテクニックはあるが、それは心理学の知見というよりは、それを応用したコミュニケーション理論だ。

モチベーションを引き出し、成長というトランスフォームを起こそう。その際、役立つのが「3つのストーリー」だ。

①story of self：「自分」の物語。リーダーが一人の人間として、「何のために仕事をするか」を語る。リーダー自身の目的、強みや能力、過去の失敗や弱さをありのままにストーリーにしよう。ただしそれはストーリー全体の始まりであり、**自分が主役になる必要はないし、なってはいけない**。また、**リーダーの失敗談は、そこから成長したという結末につながるものが良い**。あなたにとって個人的に重要なことでも、チームにとって「関係ない」と思うことも避け、共感を呼べるものにしよう。

②story of us：「私たち」の物語。チームや会社というus（私たち）が、「どんなチームか」「何のためにこの仕事をするか」を語る。チームの仕事の根底にある価値観を共有するために、チームの物語を語るのはリーダーの重要な仕事だ。そうすることで、チームの個性やアイデンティティも形づくられていく。

「チームの物語」も、課題の克服や、価値観と目的にまつわるものがよい。**大切なのは「できない」と絶望するものではなく「できる」という希望を生み出す内容にすること**。また、アメリカ文化はあくまで個人の物語が中心となるが、**日本文化は個人の物語とチームの物語がオーバーラップしやすいので、「私たち」の物語の重要度はより高くなる**。

③story of now：「今」の物語。チームで価値観を共有したら、緊急の課題を明確にしたり、チームの価値観を壊すような問題点をはっきりさせたりする「今」の物語をしよう。「今」の物語によって、チームにどんな強みや重要性があるかを改めて確認できる。課題の解決や目標達成のために、最初の一歩をどう踏み出せばいいかも見えてくる。

この3つはハーバード・ビジネススクールの「パブリック・ナラティブ」の授業でも取り入れられているメソッドで、**14週間かけてストーリーの力を磨き上げていく**。それだけビジネスシーンにおいて重要なプログラムだということだろう。

人は誰でも「自分は変われる」と信じたい心理を持っている。だからこそ、**変わるためなら、リスクをとってチャレンジできる。**

そんな部下が自分の能力と可能性を心から信じられるように手助けすることは、リーダーの重要な役割だ。積極的に、ストーリーの力を使って部下の挑戦を後押ししよう。

「自分の話」は準備しないとできない

ストーリーにはパワーがある分、語る際には「得意／不得意」という個人差は出てしまう。これはある種の才能であり、全員が素晴らしい語り手とは限らない。

それでもストーリー・テラーでなければならないリーダーのために、いい方法がある。**「自分の物語：story of self」**を準備しておくのだ。これは3つのストーリーの1番目であるが、**人を動かす最も大きなパワーを秘めている。**

たとえば私は横須賀の米軍基地での仕事の際、「自分の物語」から始めた。

「私はアメリカ人の父と日本人の母を持ち、両方の文化の影響を受けて育ちました。アイデンティティに悩んだこともありましたが、日米のかけ橋になる仕事をすることが自分の人生の意味だと気がついたのです。それを小論文にまとめたところ、ハーバード大学院に入学できました。今はそれを仕事にしており、今日はみなさんのためにここにいます」

(story of self)

もっとドラマチックな物語にするなら、戦後間もない日本で、敵国の人間だったアメリカ人を自宅に住まわせた祖母の話を、武士の家系であることも交えたストーリーにすることもできるが、**ワークショップの前置きとしては「長編」すぎる**。

目的は私が主役になることではなく、ワークショップの参加者の心をつかみ、心理学の知識をもとに変容をうながすこと。そこで話を「私たちの物語：story of us」につなげた。

「みなさんも米軍基地という日米の文化が複雑に接する職場で、アメリカの軍人という上司に悩むこともあるでしょう。私は東京大学で日本人学生と留学生を教えているので、異なる文化が交じり合う職場の大変さはよくわかります」(story of us)

次に、今日の課題や目的（story of now）を話した。

「みなさんもまた、日米のかけ橋になるお仕事をなさっています。二つの国にとって、みなさんの存在はとても大切なものです。そこで今日は、どのようにコミュニケーションをとっていけばよいのかについて、お話ししたいと思います」(story of now)

個人的な物語をするのはオーセンティックになることだから、「人間対人間」として聞

き手は耳を傾けてくれる。私の話をきっかけに、「自分の生まれはこうだ」「仕事はどうだろう?」と一人ひとりが〝自分ごと〟として考えてくれるようになるのだ。

リーダーの「自分の物語」は生い立ち、失敗や挫折、新人時代の話でもいい。いずれも自己満足で終わらせないために、「私たち(チーム/会社)の物語」につながり、かつ「今の物語(目的や課題)」に結びつくものにしよう。

そのためには何パターンか「自分の物語」を持っておくといいだろう。いくら**「自分に関する話」だといっても、いきなりできるものでもない**。だからこそ、日頃から準備しておくことをおすすめする。

結論から話すことの「盲点」

物語というのは、**「出だし」**が肝心だ。私がよくやるのは、最初にびっくりさせて注意を引くという手法だ。驚くとはまさに感情に訴えることだから、人を動かし、変化をうながしやすくなる。たとえば、私は学期始めの授業で、着物を着て教室に入り、日本語で話し出すことがあるが、学生たちは必ず注目してくれる。

予想外、あるいは理解不能の状況に出くわして感じる不安や苛立ちを**「ディスオリエンティング・ジレンマ」**というと0章で述べたが、不安や苛立ちだけでなく、驚きと好奇心を引き出し、注意を引きつける効果もある。

そうはいっても、ビジネスパーソンがいきなり着物姿で現れて他国語で話し始めるのは無理があるし、私も米軍基地でのワークショップに着物姿で行くようなことはしない。「変わった人だな」と思われて、逆に心を閉ざされてしまうかもしれない。

だが、**自分の個人的な物語から話し始めるというだけでも十分に意外性はあり、ディスオリエンティング・ジレンマになりうる。**なぜなら、ビジネスの場では人はみな、役割という鎧を身にまとい、ありのままの自分を見せないからだ。

オーセンティックになることだけで「予想外」となる。

「リーダーたるもの、結論から先に言え」など、論理的に話すことばかりが意識されているが、本当に人を動かしたいなら、理屈ではなく感情にアプローチしたほうがいい。その意味でも、ストーリーの力——意表をつく第一声から始まる物語——は効果的なのである。

「フィードバック」が絶対必要

自覚なく「放置」してしまう

あなたがマラソンの経験者で、あまり走り慣れていない人にフルマラソン出場を目指させるとしたら、まず一緒にランニングを始めるのではないだろうか。

レベルが上がってきたらハーフマラソンに出場させ、小さなチャレンジをするように背中を押す。これがサーバント・リーダーシップだ。

だが、これでは「フルマラソンに出場できる一人のランナー」とまではいかない。トランスフォーマティブ・リーダーシップとは、一歩進めて自発的にフルマラソンに挑戦させることだ。フルマラソンという一つの目的をやり遂げれば、その人は成長し、変わる。

トランスフォーマティブ・リーダーシップを備えた人は、人の心を動かす「ストーリーの力」を用いて、部下に明確なゴールを示す。ゴールとはチームの目的であり、それは部下自身の目的でもある。そう実感することで、モチベーションが生まれ、部下は自発的になる。

だが、フルマラソンは長い。リーダーが、途中で適切な水分補給をうながしたり、「その走り方だとバテる」というアドバイスを与えたりしなければ、部下は完走できない。

完走、つまりチャレンジした仕事をやり遂げることができなければ、変容できないし、起きたとしても「挫折して心を閉じる」という悪い変容になってしまいかねない。

そこで必要になってくるのが、**「フィードバック」**だ。

それでも「フィードバック」を嫌うリーダーたち

「フィードバック」そのものは、気軽に使われる言葉だが、**苦手とするリーダーは多い**。

アメリカではよく、「建設的な批判をお願いします」と言う。より良くするために、発表の後など、何か問題があったら遠慮なく言ってほしいと付け加えるのは決まり文句だ。

1章で、私が東大で教えていた頃、外国人留学生が日本人学生の発言に「声が小さくて聞こえません」と指摘したと述べた。これはアメリカではごく一般的な建設的な批判、フィードバックだ。

ところが日本では、ビジネスの場でも「嫌われるのが怖くて、間違っていても指摘できない」というリーダーが多い。あなたも心当たりがあるかもしれない。

また、部下の成長のためにと「ここは違うから、別のやり方にしたほうがいい」と勇気を出してフィードバックしているのに、理解してもらえない場合もある。

「いちいちケチをつける、うるさい上司だ」と嫌がられたり、「自分のやり方を押し付けるので、やりにくい」と陰で非難されたりする。相手が若い部下であれば、「今のセンスが全然わかっていない。古臭い」と内心でバカにされたりするかもしれない。

こうしてリーダーは、フィードバックをやめてしまう。

「憎まれ役は御免だ」「どうせ部下は変わらない」「話が通じないから言うだけ損」とあき

らめるのだ。

フィードバックが当たり前のはずのアメリカでも、**上司の8割が「フィードバックは苦手だ」と答えている**という調査もある。フィードバックは、世界共通のリーダーの難題といえるだろう。

部下のやる気に「2倍」差がついた

いくら苦手でもリーダーがフィードバックをすべきなのは、部下を成長させ、変化させるためには有効だというしっかりしたエビデンスがあるからだ。

たとえばフィードバックは、部下の学習意欲ややる気を高め、成長させるより良い方法の一つだという研究がある。**頻繁で具体的なフィードバックは、「安心して働けるチーム」という文化を育み、部下の満足感、仕事への没頭度合い、パフォーマンスを高める効果がある**とのことだ。

ギャラップ社の調査によれば、**人の長所に注目するリーダーの場合、部下の67%が仕事に没頭していた**。人の短所に注目するリーダーの場合、仕事に没頭している部下はわずか31%だったから、**リーダーが部下をどう見るかで部下の熱意が決まる**といえる。

IBM Work Trendsが世界26か国で、様々な業種の数千の企業で働く1万9000人の従業員を調査したところ、**何らかの表彰を受けた従業員の「仕事の没頭レベル」は、そうでない従業員の3倍も高い**ことがわかった。表彰というフィードバックによって部下が仕事に没頭し、成果が出るということだ。さらに、表彰や言葉などで部下をしっかりと認めると、仕事上の幸福感が有意に増すという調査結果もある。認められた部下は満足し、離職も少なくなる。

あなたがリーダーであれば、「仕事」がどうなっているかだけでなく、**部下「個人」がどう働いているか**について、こまめにフィードバックし、認めてあげよう。そうすれば部下は「自分には価値がある」と実感でき、より仕事に打ち込んでくれる。

フィードバックを、**「部下を導くガイダンス」**と考えてもいい。適切なフィードバックによって部下は何をすべきかをはっきりと理解し、自分の能力に自信が持てるようになる。そして、部下の長所や強みを強調すればするほど、やる気も達成感も高くなるだろう。

「いい／悪い」を判断してしまわない

では、どのようにフィードバックをすべきだろうか？

1章で、「人の失敗、間違い、欠点をはっきりと指摘することは、あなたの責任だ」という『葉隠』の教えを紹介した。『葉隠』にはまた、フィードバックの極意といえる「忠告の技法」についても書かれている。

――どのように指摘するかは、工夫が大切だ。「いい・悪い」を判定するのは簡単だし、批判することもたやすい。ほとんどの者は「言いにくいことを言ってやるのが相手のためだ」と思い、受け入れないのは相手にその力量がないからだと思っている。しかし、**相手に恥をかかせるだけでは、自分がいい気になっておしまい**となる。

人に指摘をするなら、まず、相手が受け入れるかどうかを見定めること。そのためには**親しくなり、自分の意見を相手が信用してくれるように仕向ける**ことだ。**相手の関心事から**話し始め、言い方もよく考え、タイミングも大事にすること。手紙を出す、雑談ついでに言う、自分の失敗を話すなど、さりげなく理解してもらう方法もある。**まずは相手のいいところをほめ、気持ちを前向きにするよう、心配りをする。喉が渇いたとき、ごくごく水を飲むように、相手が自然に指摘を吸収するように仕向ける**のだ。

こうして欠点を直してやることが、正しい指摘である。

「ディベート文化のアメリカと違い、日本人はフィードバックが苦手だ」という話を聞くたび、私は誇らしさとともに『葉隠』を思い出す。18世紀に書かれた日本の古典には、これほど明確にフィードバックの「精神」が記されているのだ。

今を生きるあなたに、それができないはずはない。

「正論」は容易く不正解になる

ためらわずにフィードバックをするためには、「3つの点」をおさえておこう。

第1に、**フィードバックとは「リーダーの仕事」**だということ。

リーダーと部下は友だちではない。**リーダーには言いにくいことを言ってでも部下を成長させ、チームを変える責任がある。**「これは自分の仕事だ」と認識して部下にフィードバックをしよう。

また、成果が上がらない部下に対して、見て見ぬ振りをしないことも、重要なリーダーの役割だ。どうすれば現状を打開できるか、フィードバックという手を差し伸べよう。

第2に、フィードバックは**「お互いにするべき」**だということ。

上司は部下を査定するが、部下も上司を評価している。上司の査定は表立ったものだが、部下からの評価は密かに行われがちだ。

だが、これではチームは成長しない。部下がリーダーについて陰で不満を言うのではなく、「課長に言われてこのやり方を試してみましたが、効果がありませんでした」とフィードバックができるように、リーダーはセーフスペースを作ろう。自分も部下もオーセンティックになれる関係が作れれば、リーダーはフィードバックがしやすくなるし、部下も聞く耳・話す口を持つようになる。

第3に、フィードバックは**「相手のためになる」もの**であること。

いくら正しくても、**正しいことをそのまま言うのは、正しいことのようで正しくない**。人を論破しても、心は動かない。前述した通り、人間は理論ではなく、感情で動くのだ。

たとえば、部下に命じた仕事が遅れているとする。事情を聞くと、部下がさぼっていたわけではなく、取引先の納品遅れが原因で全体のスケジュールがずれているようだ。

そんなとき、「納期通りにやるのが仕事のルールだし、スケジュール管理は君の仕事だ」と上司が正論を言ったとする。部下は「そのとおりです」と同意するだろうが、納得はしないだろう。

人は、「自分が正しい」と思うと必要以上に相手を責めて、辛辣になってしまうところがある。

仕事が遅れている例でいえば、部下が「B社も人手不足のようでして」と事情を説明しようとしたとする。その際、上司が「それは関係ない。B社とは最初に話し合って納入日を決めている。だいたい君は自覚が足りない。ビジネスは厳しいものだから、かばうのは間違っている。そんな甘い態度でプロといえるだろうか」と辛辣に論破したら、部下は何も言えなくなる。

上司は「私は間違ったことは言っていない」と思い、言い負かして爽快かもしれないが、「仕事の遅れ」という問題は解決せず、部下は心を閉ざす。これでは仕事の成果も、部下の成長も望めない。

対等な友人同士でさえ、あまりストレートに言うと相手の気分を害してしまい、肝心なことが伝わらない。ましてや、上司と部下という組織のヒエラルキーの中で行ったら、論破の末路は悲惨なものとなるだろう。

いくら正論でも相手のためにならなければ、フィードバックにはならないのである。

フィードバックの具体戦略

「Iメッセージ」で伝える

フィードバックの重要性を一通りお伝えしたので、具体的な方法に入ろう。

フィードバックの大前提は、You messageではなく**「I message」**で始めることだ。

×「君（you）はここを直したほうがいい」　You message
○「私（I）は、ここを直せば君はもっと良くなると思う」　I message

つまり、相手（you）の問題点を指摘するのではなく、**あくまで私（I）の主観的な意見として伝える**のだ。

「君はここを直したほうがいい」とすると、世界中の誰が見ても間違っていると言われたようで、相手は萎縮し、防御態勢になってしまう。腹を立てることもあるだろう。

だが、「私は、君はここを直すべきだと思う」とI messageにすれば、あなた個人としての意見になり、攻撃性が薄まり、相手も聞く耳を持ちやすい。

このコミュニケーションの原則を大前提として、次の「5つの戦略」を試してほしい。

戦略1「サンドウィッチ」する

デール・カーネギーは「人を変える9原則」の一番目に、**「まずほめる」**と述べている。厳しいことをいきなり言われたら、誰でも防御態勢に入る。ポジティブな言葉で始めるのは大切だ。そこで有効なのが**「サンドウィッチ・メソッド」**だ。

肝心なのは、ツナや卵、パストラミのようにサンドウィッチの中身——すなわち「こうしたほうがいい」というフィードバックだが、**それを「肯定やほめ言葉、応援」というふんわりしたパンで挟むと、そのままで食べるより美味しく、腹持ちもいい**。つまり相手の耳に届いて、その後も役立つフィードバックになる。

「今回のパワポ、ものすごく良くできていた。いいプレゼンだったと思うよ」（サンドウィッチのパン：肯定）

「**一つだけ少し気になったことがあって、僕は、発表のときの説明が速すぎるように感じた。もっとゆっくり話すと説得力が出てくると思う**」（サンドウィッチの中身：I messageのフィードバック）

「それにしても頑張ったと思うよ。クライアントも感心していた。次回、話のスピードを調整すれば、完璧になるんじゃないかな。本当に今日は良かった」（サンドウィッチのパン：肯定＋今後へのアドバイス）

このように、**「ポジティブな言葉＋フィードバック＋ポジティブな言葉」**が原則だ。

時折、「とても良かった。でも、ここは失敗だ」と、ポジティブにほめたあと「でも(but)」と話を続けるリーダーがいるが、**原則は「and」のサンドウィッチ**。「一つだけ気になった／ちょっと付け加えると／欲を言うなら」くらいのつなぎがいいだろう。

いずれにせよ、**批判的な話は常に「真ん中」**と覚えておこう。

戦略2「状況」にフォーカスする

「あなたはいつも、話すスピードが速すぎる」

「いつも」というたった一言で、すべてのフィードバックが台無しになり、相手を直撃する。仮にI messageに変えても同じことだ。

「私は、君の説明はいつも、話すスピードが速すぎて伝わらないと感じる」

もしかしたら部下は、緊張でその日だけ早口だったのかもしれない。たまたま失敗したのかもしれない。滅多になく遅刻して焦っていたのかもしれない。

それなのに「いつも」と言った途端、そのミスは「たまたま」ではなく、相手の一部だと断定したことになる。

「いつも」と言うと個人攻撃になるので、**「状況にフォーカスする」**を徹底しよう。

「今日の君の説明は、早口過ぎると私は感じた。何かあったのかな？」

あくまで**「今日の君の説明」という特定の状況についてフィードバックし、「君の説明すべて」あるいは「君自身」に対するフィードバックではないと強調**する。

ちなみに「君はいつも誤字脱字が多い。先週の日報にも間違いがあった」などと、**「いつも」のみならず過去の失敗まで引きずり出すのは、最悪のパターン**だと覚えておこう。

戦略3「変えられること」に言及する

「君が女性でなかったら、うまくいったのにね」

これは最悪のフィードバックどころか、ありえない差別発言だ。しかし、アメリカでは「黒人じゃなければ」「ヒスパニックでなければ」という人種差別の言葉が実際にある。

「君のレポートはわかりにくい。**一流大学出身**は、頭でっかちなところがよくない」

「あなたは**関西出身だから**、発言が軽くて契約成立に至らない」

出身など、どうやっても変えられないその人の履歴を責めてはいないかにも注意しよう。リーダーとしての資質は当然ながら、人間性まで疑われてしまう。

「**あなたは内向的だから**、営業成績が伸び悩んでいる。もっと外向的になれ」

これも良いフィードバックとは言い難い。「内向的」というのは性格であり、それが悪いわけではない。また、内向的な人が急に明るく振る舞っても不自然だし、本人にとっても辛いだけ。

そこで、「じっくり考えるのはあなたの強みだね」などと**内向的な性格は肯定したうえで、その人に合うやり方を教えるのが正しいフィードバック**となる。

性別、年齢、出身、所属、性格、身体的特徴など、変えられないものについては、決して指摘してはならない。

戦略4「自分でできる具体的な改善策」を提案する

よくない点を指摘するだけでは、トランスフォーマティブ・リーダーシップのフィードバックとはいえない。だからといって、いいところだけほめていたのでは、パンだけで中身がないサンドウィッチになってしまう——肝心のフィードバックが挟めていない。

そこで、「いつも」ではなく状況にフォーカスし、「出身」「性格」のような変えられないことでなく、**その人が変えられることに対して「どうすべきか」を提示**しよう。

—もっと頑張りなさい」「やる気を出せ！」といった**精神論は役に立たない**。そういった抽象論ではなく、具体的な改善策を示すことが戦略4である。

たとえば内向的な部下であれば、「どうすれば契約が取れるか、来週月曜日までに新しい営業法を君自身で考えてアイデアを出してほしい。それを試してみよう」という改善案を与え、フィードバックとする。

心理学では内向型は外向型に比べると物事を深く考え、クリエイティビティが高いといわれている。リーダーのフィードバックのおかげで、部下が自分らしくて新しい営業スタイルを創造するかもしれない。

あるいは声が小さい部下であれば、「プレゼンには、マイクを使ったらどうだろう？」

と提案する。「君はマイクを使うべきだ」と個人を責めずに、「今後、広い会場でイベントをやることもあるから、プレゼン用にマイクを用意しよう。君も使うといい」という表現にすればなおいいだろう。

部下の説明が細かすぎるなら原因を考える。本人の焦りなのか、それとも要素が多すぎるのか？「プレゼンの話し方以前に、内容を検討してほしい」と提案して、まずは部下自身が調べるようにする。次に「一緒に検討しよう」とそれについてリーダーも介入し、「事例が3つあるが2つ説明すれば十分だ」という解決策を導く、といった具合だ。

戦略5 何が何でも「フラット」に見る

リーダーであるあなたには、「これがベスト」と信じるやり方があるだろう。でも、**それは絶対の正解ではない**。

これまでうまくいっていたやり方でも、もっといいやり方があるかもしれない。フィードバックする際には、**「自分が正しい」という思い込みは排し、部下にも部下の考えややり方があることを認め、尊重してほしい**。

また、**その部下に対する思い込みも取り除く**ことが大切だ。

仮にあなたが部下に対して、「彼は頑固で取引先を怒らせる」「彼女は不器用で、仕事が遅い」などの印象を持っていたとしても、それは思い込みであることが多い。

あるクライアントには頑固さで嫌われてしまった部下は、別のクライアントには信念があると評価されるかもしれない。不器用で仕事が遅い部下は、今回は丁寧で質が高い仕事をするかもしれない。評価は、人によって変わるものだ。

思い込みを外す方法は、大きく分けて二つある。一つは、**好奇心（curiosity）を持つこと**だ。好奇心、つまり興味・関心を持って相手を観察し、この人を「もっと知りたい」と思うこと。そして実際に相手を深く知れば、思い込みなしに、ありのままその人を評価できるようになる。

もう一つは、**ステレオタイプを外すこと**だ。「黒人はみな、ダンスが好きで音楽の天才」という、よくあるパターンに万人を押し込めようとするのが「ステレオタイプ」だが、実際はそんなことがあるはずがない。人は一人ひとり違う。関西出身でも全員がお笑いタレントのように賑やかではないし、体育会系出身だからといって根性があるとは限らない。

思い込みを取り払い、正しいフィードバックができるようにしておこう。

「直後」は避けたほうがよさそう

5つの戦略に加えて、フィードバックには**「タイミング」**が大切だ。『葉隠』にあるように、どんなにいいフィードバックでも、タイミングを間違えると効果はなくなる。

相手が疲れているときや余裕がないとき、話を受け入れる状態でないときはフィードバックを控えよう。どんなタイミングが適切かは、日頃のコミュニケーションで見極めるのがいいだろう。ただし、**「直後」は避けたほうがよさそう**だ。

運動技能は「やった直後」にフィードバックを与えるべきだと考える人もいる。たとえばランニングのフォームやバッティングなど、走り終えたりバットを振り終えたりしてすぐ、「ここが違う、こうしなさい」と教えるということだ。

ところがある研究で、**動作直後のフィードバックは逆効果**だとわかった。**大切なのは、コーチがフィードバックを与える前に、「選手自身が動きについて考える時間」をとること**。つまり、自分で自分にフィードバックする時間を与えるということだ。

いきなり「正しいフォームはこれだ」とコーチがフィードバックしてしまうと、選手はパフォーマンスについて自己分析する力を伸ばせず、成長の妨げにもなる。「自分で変わる」きっかけを失ってしまうのだ。

「自分で自分にフィードバックする時間」は、個人差がある。長くかかる人もいれば、短い時間でできる人もいるだろう。いずれにせよ、それが終わるまで待ち、タイミングをはかって指導者がフィードバックする――これはスポーツのコーチだけでなく、ビジネスリーダーにも有効なやり方だと思う。

不満を生まない「評価」の技法

「プロセスも見ている」ことをはっきり示す

フィードバックは、仕事が終わったあと、**「それをどう評価するか」**にもつながってくる。

その際、あなたはこんな見方をしていないだろうか？

「ビジネスは結果がすべてだ。こんな間違いだらけの資料しか作れなかったのだから、厳しく指導しないと。評価も低くて当然だ」

これでは部下がフラストレーションを溜め込む原因となるばかりか、せっかく築いた信頼関係を壊してしまう。

リーダーはつい、結果だけに注目してしまうが、それでは部下は心を閉ざしてしまう。「自分のことをわかってくれない、信じられない」と失望してしまうのだ。

だからといって、結果が出ていないのに「一生懸命頑張ったのだからそれでいい」と言っていたら評価にならないし、部下はそのまま変わらず、成長のきっかけとならない。

部下の中には、努力しているのにうまく結果に結びつけられない者もいるだろう。そこで、結果は結果として受け止めつつ、**「プロセス」についても評価すること**が欠かせない。

ドゥエック博士の研究でも、**「仕事の結果や達成したことではなく、プロセスにおける努力を認めることが重要だ」**とわかっている。**努力を認められた人は意思の強さや打たれ強さが育まれ、それによって長期的にはパフォーマンスが向上する**のだ。

だからリーダーは部下に対して、「結果は良くなかった。でも、この部分についての努力はたいしたものだった」と認めてあげよう。いずれは失敗しても挫折しない意思の力が部下の中で育つように、**プロセスのフィードバックという「種まき」をする**のだ。一朝一夕で効果は出ないが、長期的にみればリーダーにとっても大きなリターンとなるだろう。

「同調圧力」をなくす行動が求められる

リーダーはチーム全員に目配りするべきだが、全員のプロセスをくまなく見ることは物理的に不可能だ。そこでやってしまいがちなのが、**プロセスでの努力を「時間」で測って評価してしまうというミス**だ。

私は東大で働いていた頃、学生にカウンセリングも行っていた。外国人留学生からの相談が多かったが、悩みの二大トピックスだったのは「日本人特有の本音と建前」、そして「時間の感覚」だった。

ある留学生は、文部科学省の奨学金で夫と子どもとともに留学し、大学院の研究室に所属していた。私もかつて受けていたが、アメリカ政府が支給するフルブライト奨学金は留学によって学生の家族が離ればなれにならないよう、配偶者と子どもにも手当てが出る。

しかし当時の日本は学生本人の分しか出ない。「学生だから、単身で来るのが当然だ」という、日本側の思い込みがあるのかもしれない。アメリカ、中国、ヨーロッパなどでは、一度社会に出たり結婚したりしてから学ぶ人はたくさんいる。

いずれにせよその留学生は、自費で子どもを保育園に預けており、迎えにいくために17時に帰らなければならなかった。ところが17時は研究室にみんなが残っている時間だ。

教授は「僕がまだいるのに先に帰るのか」と言うし、日本人の学生には「一人で先に帰っちゃだめだ」と言われてしまう。

「私は早く帰る分、誰も来ていない朝8時には研究室にいるし、コーヒーショップで1時間も休憩したりせず、17時まで一生懸命やっている。それなのに早く帰ることを責められたり、評価が下がったりするのは辛い」

今はずいぶん事情が変わってきていると思うが、当時彼女はこう悩んでいた。

リーダーやまわりが残業していると帰れないのは、日本企業の特徴かもしれない。心理学でいうところの**「ピアプレッシャー（仲間からの同調圧力）」**も強いし、「残業は極力しない」と会社が決めても、実際は「あいつはいつも早く帰る」と言われることもある。

「残業する・しない」にかかわらず、時間をかけていればそのプロセスは評価に値するかといえば、それも違うだろう。

短時間で仕事を終える人が努力していないとは限らない。もしかすると効率よく仕事を進める方法を編み出しているのかもしれないし、集中しているから早く終わるのかもしれない。逆にいうと、**誰よりも遅くまで会社に残っている社員が、実はネットサーフィンや無駄話の時間が多い、仕事が遅いということもあり得る。**時間での評価ではなく、プロセスそのもの（努力の内容、質）を評価すべきだろう。

評価基準は会社によって様々で、「正解」はない。だが、時間で評価するようなミスを犯さないためにも、そしてチームの効率を上げるためにも、**リーダー自身が上手な時間の使い方をしよう。**

集団は、ポジションが上の人の影響を強く受けることを思い出してほしい。勤務時間中に関係のないサイトを見たり、さして用事もないのに会社に残ったりしているリーダーは、その悪影響をチームに与えてしまうのである。

リーダー自ら率先して仕事を早く片づけ帰宅する――そうして、時間内に仕事を終えるようにチーム全体を導くのもリーダーの役割であり、リーダー自身が評価で間違いを犯さないための方策だ。

大目に見る「度量」も重要

ダニエル・ゴールマンの『Working with Emotional Intelligence』に面白い考察が紹介されている。

評価基準や命令系統がはっきりしている米国海軍で、優れた指揮官と平凡な指揮官の部隊を比較したところ、明確な違いがあったというのだ。

優れた指揮官は「必ず目標を達成すること」を大切にする。そのため、まずゴールに不可欠なタスクが何かを明確にするという**「タスク志向」**だ。

タスクについては兵士に徹底的な指導をし、こまめにフィードバックを与えていた。評価も厳しく、タスクを投げ出したり、目標達成の障害となる行動をとったりする兵士には、厳しい罰を科すこともあった。

ところが、**ゴールに関係のない細かいルールに関しては、多少規則を破ることになって**

も、「まあいいよ」と柔軟に対応していた。

一方、平凡な指揮官は、指導に一貫性がなかった。ゴールに不可欠なタスクは何かを明確にせず、**あまり関係のない細かい案件を、重要なタスクのように扱うこともあった。**ルールに厳しく、単純に「規則だから」という理由で、小さなミスにも厳しい評価を下し、かえって兵士たちのモチベーションやパフォーマンスを下げていた。

彼らはいかなる場合も、ルール通りにやることを優先していたのだ。

これは日本のリーダーにも大いに当てはまることだと思う。**「我が社のルールだから」「社会の常識だから」と、何から何まで風紀委員のように細かく評価しては、部下はついてこない。**

ビジネスの目的は、会社のルールを守ることではなく、仕事のパフォーマンスを上げ、利益を上げることだ。それがわからないと、変容を遂げてゴールを達成するという、トランスフォーマティブ・リーダーシップから遠ざかってしまう。

大切なポイント——ゴールに不可欠なタスク、部下を成長させるチャレンジ——に絞って評価をしよう。細かいルールまで口出しをするのはやめたほうがいい。

リーダーの役割は多岐にわたり、時間は限られている。すべてに同じようにエネルギーを使っていたら、忙しすぎてあなた自身、潰れてしまうだろう。リーダーが自分を守るためにも、メリハリをつけて評価することは大切なのだ。

「伝える力」を磨く習慣

「私的」に話す

ストーリーテリングも、フィードバックと評価も、「伝える」という点では共通している。伝える力はそれだけ重要となるが、日頃からトレーニングすることも可能だ。

具体的には、フィードバックやストーリーテリングを意識するまでもない**「普段の会話」をトレーニングとして活用**しよう。普段から心理学的に効果があるとされた伝え方を習慣づければ、「伝える力」はおのずと高まる。

米国海軍を対象にした調査を、もう一つゴールマンの本から紹介しよう。**優れた指揮官には「自分なりの指揮のスタイル」があった**というものだ。

軍の指揮には「上官としての命令」（責任を取ることを恐れず、目的が明確で主張が強い命令）が欠かせない。断固とした強い命令でないと伝わらず、最前線の部隊を自分の指のように動かせないためだ。

ただし優れた指揮官は、それに加えて自分のキャラクターを生かした**「人間くさい命令」**（前向き／外交的／気持ちがこもった／ストーリーがある／協力的／好意的／感謝にあふれ／信頼できる）もしていた。「上官としての命令」と「人間くさい命令」をブレンドして、バランスを取っていたのだ。

優れた指揮官は、平凡な指揮官より穏やかであることもわかった。彼らは「人間重視」で、良き人間関係がチームには必要だと理解していたのである。つまり、バランス感覚を備えたアサーティブ・リーダーたちだということだ。

一方、平凡な指揮官は、ありがちな固定観念をもとに、「上官としての命令」だけで指揮をしていた。

軍の規則やルールを重視し、否定的で厳しく、非難がましいうえに自己中心的だった。「権威主義的／支配的／横暴／命令的」で、「自分が正しい！」と頻繁に主張していた。ルールと自分の役職のパワーを拠り所とした、型通りの強権的なリーダーシップだ。

軍隊とは厳格なルールを重視する組織だ。だから、平凡な指揮官のやり方でも機能した……わけではない。**兵士たちのモチベーションは下がってしまった**のだ。

これがビジネスリーダーならなおのこと、ポジションに頼った「上司としての命令」だけで指導をしてはならない。

目的に向かって部下のモチベーションを引き出し、動かし、変化させるためには、**指示やフィードバック、評価を、「人間くさくポジティブ」に行わなければならない**ということだ。

「世間話」をする

心理学の研究では、**「感情の連鎖反応（ripple effect）」は、組織の上から下に起こる**ことがわかっている。

米国海軍を対象とした調査では、**指揮官の態度が「あたたかい／外交的／感情豊か／公平／信頼感」といったものを表していると、部隊全体がその良い影響を受けた。**

逆もまた真なりで、指揮官が「厳しい／非難がましい／よそよそしい／イライラしている／ルール重視／非協力的」といった態度でいると、その部隊の兵士たちも同じように振る舞う。

これをビジネスシーンにあてはめてみよう。リーダーが悪いニュースを受けたとする。たとえば「自社商品に欠陥が見つかり、自主回収が決定した」というケースだ。

そのニュースを自分の上司から聞いたリーダーは、衝撃を受けるだろう。自分のチームの担当商品だったら、責任者であるリーダーが取り乱しても不思議はない。

だが、その気持ちをそのまま態度に表すと、たちまちチーム全体に感情の連鎖反応が起き、パニックになる。リーダーが取り乱したら、被害を最小限に留めなければいけないシーンで、二次被害、三次被害が起きかねない。

ありのままでいることは大切だが、悪いニュースとともに悪い気分まで伝染させてはいけない。

また、成果が出ない部下に対して、最終的な評価を下し、降格処分や異動を伝えるという厳しい場面もあるだろう。そんなときは一対一でオーセンティックに伝えるべきだが、一個人としてありのままになることは、単に感情的になることとは違う。

自分自身の「こんなことは伝えたくない」「部下がかわいそうだ」「憎まれ役を務めるのは嫌だ」というネガティブな感情は抑えよう。

そうではなく、**一人間として「部下の気持ち」に寄り添う**ことが大切だ。

米国海軍では、**優れた指揮官は日頃、気軽に兵士に声をかけ、家族のこと、趣味、個人的な事柄など、世間話をする**という。「君のことを知りたい」という気持ちを態度に表し、双方向のコミュニケーションがしやすい、開放的な雰囲気を普段から作っている。

軍という厳しい組織には、悪いニュースがつきものだ。だからこそ、優れた指揮官は日頃から良い雰囲気を作り、悪いニュースもありのままに受け入れられる組織を作っているのだと私は感じる。

あなたの会社に「悪いニュース」が頻発しないことを願っているが、予想外が起きる時代だ。ぜひサーバント・リーダーシップも活用して、日頃からチームの雰囲気作りをしてほしい。

「本心」で喋る

コミュニケーション論の中には、伝え方に特化したものがたくさんあり、テクニックが山のように紹介されている。話の順番や身振り手振り、論理構成まで、役立ちそうな情報が、インターネットでもたくさん探せるだろう。

だが、心理学を長年研究してきた私のアドバイスは**「言葉より感情が重要」**に尽きる。

人は感情によって動くと何度も述べた。これは心理学的にも研究されていることだが、脳科学の研究でもそれは証明されている。

たとえそのリーダーの言葉が厳しく、やさしさのかけらすらないものに聞こえたとしても、リーダーが部下に対してコンパッション型の共感（相手の気持ちを理解し、客観的にどうすべきかを示す共感）を持っていれば、部下の脳はそれを感じ取る。ミラーニューロンの作用だ。

作家で心理学者のロバート・E・アルベルティ博士の研究によれば、「何を言ったか」よりも「どう言ったか」のほうが影響力は強い。ポジティブなメッセージには、言葉よりも動作、表情、感情といった非言語的な要素のほうが重要だということだ。

〝People don't remember what you say. They remember how you made them feel.〟「何を言われたかは忘れるが、何を感じたかは覚えている」という英語の表現があるが、まさに言葉より感情なのだ。

裏を返せば、リーダーが部下に対して「君のためを思っている」と口先だけでどんなにやさしいことを言ったとしても、効果はない。とりあえずうわべだけ「すごい企画書だね」とほめたたえても、それが本心からでなければ伝わらず、部下は変わらない。

脳は嘘を見抜く。言葉にしていない感情も、伝わってしまうのだ。

嘘のない、ありのままの本当の自分になるというオーセンティック・リーダーシップという土台がなければ、人を変えるトランスフォーマティブ・リーダーシップは機能しない証拠ともいえる。

チームを変える「リーダーの判断」

〝前進〟以上に難しい「後退」の決断

モチベーション、ストーリーテリング、フィードバック、評価――。

ここまで、「個人」を変えるためのトランスフォーマティブ・リーダーシップについて述べてきた。なぜなら前述したように、リーダーがチームを変えるには、リーダー自身が変わり、そしてメンバーを「チーム全体」ではなく「一人の人間」として尊重することが大切だからだ。


しかしリーダーには、時に**「チーム全体」**を変えることを迫られる場面もある。

たとえばチームで取り組んできたプロジェクトがあるとしよう。キャンペーンはAでいくかBでいくか、チーム全体でとことん話し合っても結論が出ない場合、単純に多数決で決めるわけにはいかない。

最終的に、どの方向を目指すか、リーダーが決断しなければならない。

キャンペーンの例はさほど大きな決断ではないが、それいかんでチームが変わる大きな決断もある。そして決断とは、いつも「何かをすること」とは限らない。**「何かをやめる」という決断が求められるケース**もある。

何かを始める「前進の決断」と何かをやめる「後退の決断」は、どちらが難しいか。これは非常に複雑な問題で、単純に説明できるようなことではない。

ただし、リーダーが**何かをやめるという「後退の決断」をするときは、そこに集団心理が影響していっそう難しくなる**ことはぜひ理解しておいてほしい。

第33代アメリカ大統領ハリー・トルーマンは、日本への原爆投下を決断したことで知られている。核兵器を使用するという近代で最も重い決断をしたことから、アメリカでは「勇気あるリーダーだ」というとらえ方もある。

しかし私は、自分なりに文献にあたり研究を調べた結果、彼は「勇気がない弱いリーダーだ」という結論に至った。

なぜならアメリカ政府は核兵器の研究開発に巨額の費用をかけており、トルーマンには「国の力をつぎ込んだ兵器をなぜ使わないのか」という国内的なプレッシャーがあった。

また、昔も今も、最新兵器の所有はその国のパワーを示すバロメーターとなる。第二次大戦中、原子力爆弾を準備していたナチス・ドイツに対抗するため、アメリカ、イギリス、カナダは、世界中の科学者を集めた核兵器製造プロジェクト、「マンハッタン計画」を進めていた。ソビエトもまた核兵器を開発しており、アメリカには「世界のどこよりも早く核兵器を使用して、世界ナンバーワンだと示さなければならない」という国際的なプレッシャーもあった。

日本の天皇から降伏を示すサインがあったにもかかわらず、すべて無視して原爆投下を決めたのは、トルーマンが勇気あるリーダーだったからではなく、二つのプレッシャーに負けたからだと私は感じる。弾劾を恐れ、プレッシャーに負けた弱さが、トルーマンの背中を押す引き金となったのだろう。

この章の冒頭でその言葉を紹介したキング牧師は、逆に何かをやめる「後退の決断」をする勇気を持ったリーダーだった。

映画『グローリー　明日への行進（原題：Selma）』はキング牧師を描いた作品で、1965年3月7日、黒人525人がアラバマ州セルマからモンゴメリーを目指して大規模デモを行った「血の日曜日事件」を題材としている。

選挙権を求める黒人デモ隊は、人種差別主義者の州知事ジョージ・ウォレスの命を受けた警察に攻撃され、死傷者も出る大惨事となる。それでもデモ隊は行進を続けようとしたが、**キング牧師は「これ以上進んでは死傷者が増えるばかりだ」と、デモを中止する。**

黒人たちの怒りは凄まじく、中断したのはキング牧師の弱さだという批判もあった。

だが、私は**これこそ難しい「後退の決断」を成し遂げたということ**であり、彼は勇気あるリーダーだと思う。ここで暴力に暴力で立ち向かっていたら、非暴力で平等を実現する——世界を変えるトランスフォーマティブ・リーダーとしての彼のビジョン——は実現しなかっただろう。

「弱いリーダーだと批判されるかもしれない」という恐怖を受け止め、本当に必要なときに後退の決断ができる人。それは弱いリーダーではなく、強いリーダーにほかならない。

「小さなチーム」をビルドする

チームを変える効果的な方法の一つに、**「メンバーを替える」**決断を下すことがある。

化学反応を意味するケミストリー（chemistry）という英語は、もう日本語化しているかもしれない。サッカーやバスケットボールなどで、「スーパースターが3人もいるのに、優勝しない」という場合、「選手にchemistryがない」などという。

物理的な化学反応は私たちの生活の随所に見られる。水素と酸素が化学反応を起こして結合したものが水だし、草木の葉は水と光と二酸化炭素から光合成という化学反応を起こして、酸素と炭水化物を生み出している。

人間の場合のケミストリーはこれになぞらえて、異なる性質を持つメンバーが一緒のチ

ームになったことで、これまでと違う、新たな力を生み出すことを指す。

全員がスーパースターでなくても、ケミストリーがあれば力と力の掛け合わせで良い変化を起こせる。スーパースターが揃っていても勝てないチームもあれば、スターは一人もいないのに、メンバーのケミストリーで勝てるチームもあるだろう。

日本のほとんどのリーダーと同じように、あなたも好きな部下を自由に選べないかもしれない。だが、悲観することはない。チーム内チームやプロジェクトメンバー、同じクライアントを一緒に担当させるメンバーの選出など、**「小さなチーム」であれば、あなたの権限の範囲内でケミストリーを起こすチャンスは見つけられる**はずだ。

「この人の能力とこの人の能力が合わさるとケミストリーが起き、チームにパワーが生まれる」という判断をするのはリーダーの役割だと心得よう。技術がずば抜けて優れていたが内向的なウォズニアックと、並外れたセンスと人を動かす力に優れていたジョブズという〝二人のスティーブ〟のような、違う強みを組み合わせたわかりやすい例もある。

心理学の様々な研究によれば、理想のチームには、次の**「5タイプのメンバー」**が必要とされている。

タイプ1は、タスクを遂行するための**「タフで外交的なメンバー」**。ごく少数でいい。

タイプ2は、チームの意思決定に賛成する、軋轢を生まない**「協力的なメンバー」**。

タイプ3は、質の高い仕事を形にする**「誠実で真面目なメンバー」**。

タイプ4は**「温厚なメンバー」**で、チームがストレスやプレッシャーにさらされたとき、彼らがいると動揺せずにすむ。2、3、4のタイプは、ある程度の数がバランスよくいるといい。

そしてタイプ5は、想像的かつ創造的なアイデアを取り入れる**「オープンなメンバー」**。これも少数いればよい。


能力だけではなく性格も考慮して、「この人とこの人ならいいチームになる」と決断し、チーム内に変化をうながそう。そのためには日頃から、チームの一人ひとりの性格や能力の理解に努めることが欠かせない。

事実を（本当に）「事実」として受け入れる

最近、日本では「自分を変える」という言葉がよく使われ、意思の力（willpower）が重要だとされている。これはアメリカ式の強いアプローチだが、本書が理想とするアサーティブ・リーダーは、強さと弱さ、アグレッシブとパッシブの両方を持っている。

そこでアメリカ式の「変える」だけでなく、日本文化にもともとある**「変わる」**の重要性を再確認しておきたい。

日本の文化には「仕方がない」「あきらめる」というものがあり、それは変化を放棄する良くないことのように見られがちだが、私は違うと考えている。

たとえば自然災害や人の死や病など、自分ではコントロールできない出来事が降りかかってきたとき、**「受け入れる力」**は大切だ。いくら否定しても抵抗しても、変えようがないことは世の中に存在する。

そんなときは、まず「変えようがない」という事実を、100％あるがままに受け入れよう。抵抗せずに受け入れれば冷静に考えられるようになり、**「でも、ここは変えられる」という小さなチャンス**が見つかる。そのチャンスを生かすように行動すれば、その結果として「自然に変わる」のだ。

ビジネスでいうなら、日本のリーダーの多くは予算も決められなければ、人事権もない。業務も会社の意向が強く働くだろう。それに対して「予算をもっと増やして、できない部下と優秀な部下を交換し、私が心からいいと思う業務ができるように変えよう！」と意気込んでも、それは難しい。**いくら意思の力をアクティブに働かせても、変えられないものは変えられない。**

しかし、「予算も人事も業務内容も変えられない」という状態を受け入れ、自分や部下の能力をあるがままに見つめると、冷静に**「それでも、できることはなんだろう？」**という思考になる。それを見つけて、部下のモチベーションを上げたり、ストーリーで目的を明確にしたり、適切なフィードバックを行ったりして行動に移す。

結果としてチームが成長したなら、「予算も人事も業務内容も変えられない」というマイナス要因をきっかけとして「変わった」ことになる。「災い転じて福となす」だ。

また、「変えなければいけない」という思いは、否定から始まることが多い。

仮に「自己主張が強すぎて、まわりとうまくやっていけない」と悩んでいる部下がいて、リーダーのもとに相談にきたとする。それが「今の自分はダメだから、別人に生まれ変わりたい」という自己否定から生まれているものであれば、健全なものとはいえない。なぜならその部下は、「自己主張が強い自分」を良くないものだと否定しているからだ。

現状を否定して無理に「変える」よりも、**現状の中に潜んでいる小さな可能性を把握し、活用してこそ「変わる」という真の変容が起きる**。これは日本の心理学分野で「森田療法」を確立した森田正馬の考え方でもある。

たとえば「自己主張が強い」こと自体は悪いことではない。それなのに「変えなければ」と否定して、闇雲に変えようとしたら、その人の良さが消えてしまう。そこで「自己主張が強い」という特性を認め、長所として伸ばす方法を考える。

「今の自分を否定する＝変える」のではなく、**「今の自分を肯定し、成長させる」という意識に切り替えれば、変えようとしなくても、結果的に自然に「変わる」**。

もちろん「遅刻癖」など明らかに良くない点や、「データ管理が苦手」など努力次第で変えられるものは、自ら「変える」ようにうながそう。

つまるところ、トランスフォーマティブ・リーダーシップには「変わる」と「変える」、その両方の視点が不可欠なのだ。

「神様、私にお与えください。**自分に変えられないものを受け入れる落ち着きと、変えられるものは変えていく勇気**を、そして、**二つを見分ける賢さを**」

この「ニーバーの祈り」は、トランスフォーマティブ・リーダーシップを表す言葉でもあると思う。

当然ながら、あなた自身も「変わる：自分を認めて成長する」と「変える：能力を身につけたり、考え方を変える」という、二つの方法で変容していこう。

半月を見て「満月」を知る

私は眠る前に、外に出て月を見るのが好きだ。若い日のある夜、夜空に浮かぶ半月を見て「まるで私だ」と思ったことがある。半分日本人で半分アメリカ人だと見なされた自分が、半分の月のようだと感じたのだ。

だが、それは錯覚で、半月は「半分の月」ではない。**丸い月はちゃんと存在していて、ただ半分影に隠れているだけ**だ。それがわかっていれば、月はいつも丸い。

私たちは、自分自身を知っているようで知らないいし、人のこともわかっているようでわからない。**意識しなければ、半分の月しか見ていない**のだ。

だが、リーダーはどんなときも、たとえ半月が細い三日月になる時節でも、自分を、部下を、そしてチームを、「満月」としてすべて知っておかなければいけない。少なくとも、知ろうとする努力を放棄してはならない。

若い頃の私は、消極的な自分という半月だけを見ていたが、日本に行って堂々と振る舞える自分という半月を知ったとき、「自分自身」という丸い月を見つけた。それが、私の変容のきっかけとなった。そこから私の能力は、自分らしく伸びていったと思っている。

トランスフォーマティブ・リーダーシップは、「成長の可能性を見つけること」でもある。私は自分が変わった経験を通じて、学生たちの能力を伸ばし、変容させていきたい。

だから、リーダーであるあなたにも、自分を知り、真っ先に変わってほしい。それが部下を知って部下を動かすことにつながり、チームの変容の始まりとなるのだ。

5
章

Cross-Border Leadership

——持続的な「最良の関係」を確立する

Episode of Rose Marcario「利益を度外視したCEO」

アウトドア・スポーツ衣料品の生産、販売を手がけるパタゴニアは、**「新品を買うよりも、一度買ったら直して長く使ってください」**とすすめている。

「安ければ安いほどいい」「修理するより買ったほうが安い」というのがファストファッション誕生後の風潮だ。「使い捨て」という消費スタイルが当たり前になった中、パタゴニアの姿勢は非常に珍しい。

パタゴニアはリサイクルにも力を入れており、商品の素材として再生ペットボトル由来のリサイクル・ポリエステルや、オーガニックコットンなどを用いている。

オーガニックコットンとは無農薬で作られた綿花で、「肌にやさしい」と思って購入する人が多い。だが、**オーガニックコットンは、着る人の肌だけでなく、実は作る人にもやさしい**。

綿花の栽培には大量の農薬が使われる。農薬にまみれて行う綿摘み作業は、低賃金で従事する人々の健康被害の原因にもなっている。だが、オーガニックコットンなら、綿を作っている人たちにもやさしい。「みんなにやさしいコットン」である。

ローズ・メルカリオは、そんなパタゴニアに共感して同社のCEOになった。

もともと彼女はハイテク企業で働いていた。辣腕をふるう経営陣の一人として、投資家の期待に応え、四半期ごとの売上目標を手堅く達成してきた。

だが、ビジネスの成功は、必ずしも「みんな」にとっていいことではない。安く早く作って大量に売り、大きな利益を上げようというビジネスモデルは、低賃金で長時間働く人の犠牲の上に成り立っていることが多い。次世代に引き継ぐべき美しい地球環境を、自分たちの目標達成のために損なっている場合もある。

キリスト教の家庭に育ったメルカリオだが、仏教について学んだのち、仕事に疑問を感じた。キリスト教は「神と自分」という一対一の関係で、ほかはあまり関係ない。他者と自分との間に壁があるのだ。いっぽう仏教では、「人も動物も自然も仏も、すべてはつながっている」と、隔たりなく考える。

インドを旅したメルカリオは、ガンジス川のほとりで、退職を決めた。「ひたすら利益を追求するビジネス」という壁を越えて、違う働き方もある、広い世界に出ようと考えたのだ。

ロサンゼルスに戻り、選んだ新しい職場がパタゴニアだった。創業者、イヴォン・シュイナードの自然と人が共生する、ゆるぎない理念に惹かれたのだ。

入社後、彼女はさらなる改善を求め、廃棄物処理や過剰包装の廃止という施策を打ち出す。彼女の経営手腕でパタゴニアは成長し、利益は3倍になった。自分たちのビジネスや顧客だけでなく、地球環境や生産に関わる様々な人々に貢献しようと考えたこと——その姿勢が消費者の共感と信頼を呼び、ファンが増え、企業の成長につながったのだ。

この世界には人種、性別、信条、文化など様々なバックグラウンドを持つ「違う人たち」がいる。「自分たちとは違う」という理由で、人々の間に**「壁」**ができる。

壁の内側にいる家族や仲間にはとても親切でやさしいのに、壁の外側の人の苦しみには無関心……そんな内向きの考え方が、悲しいことに世界の国々に広がっている。

「ビジネスの成功」と「世界をより良くすること」の間には、壁があると多くの人たちが思っている。「自分たち」と「遠い世界に住む人たち」にも壁があると考えている。

だが、メルカリオは環境保護によってそれらを越え、**持続可能型のビジネス**を作ろうとしている。

壁を越えていく——新しい時代のクロスボーダー・リーダーとして。

＊＊＊

スタンフォードの最寄り、パロアルトの駅近くにも、パタゴニアのショップがある。商品はそのまま渡されるか簡素な紙袋だ。これもメルカリオが行った改革だろう。
パタゴニアの創業者、シュイナードはもともと登山家で、1973年にパタゴニアを創立。自然との共生を重んじる企業理念は、**「100年存続する企業にするため」**だという。**自分だけが一人勝ちして、長くやっていけるはずはない**――自分の小ささを実感できるような山の上で、彼はそう悟ったのかもしれない。

著書『社員をサーフィンに行かせよう』（ダイヤモンド社）にある通り、シュイナードが提唱した多様で自由な働き方は、彼が退いた今もパタゴニアで受け継がれている。短時間働くだけでもいいし、趣味やライフスタイルを優先してもいい。ただし、これはお気楽な働き方ではない。社員一人ひとりに、個人競技のアスリートのように自分で自分の働き方を決め、結果を出すという責任があるからだ。
「一人勝ちは意味がない」という考えを体現するかのごとく働く環境に配慮するパタゴニアは、社内でも多様性を重んじている。**従業員の男女比はほぼ半々、経営幹部10人中、女性が7人を占める**。保育園など、働く子育て世代への支援も整っている。

日本に比べれば多いとはいえ、アメリカのS&P500企業の役員は女性が20%しかいない。GMIレーシングの調査による「女性社長が多い国ランキング」では、アメリカは

45か国中11位だ。どれだけパタゴニアが女性を尊重しているか、これだけでもよくわかる。

性別だけでなく、国籍、年齢や出身、性的マイノリティなど、多様な人々が多様な働き方をし、地球環境を含めて誰も犠牲にせずに、ビジネスとして利益を出す。これが「持続可能な社会」（サステナビリティ）を実現するための鍵だといわれている。

これは「意識が高い人が考える遠い出来事」ではない。**SNSの普及などで個の力がかつてないほど強まった今、個人もまた発信力を持つ者として尊重しなければならない**。ビジネスリーダーなら誰もが直面する課題になっているのだ。

言葉だけで「多様性を重んじる」というのはたやすいが、自分と違う誰かを、自分と同じように尊重するのは難しい。それをビジネスの現場で実現するのはもっと難しい。

その壁をどう扱うか——壁を越えて（cross border）、どのようにメンバーをまとめあげていくのか——それは、チームリーダーの永遠の課題である。

「cross border」とは、「壁を越える」のほかに「国境を越える」「境界線を越える」といった意味もある。

本書ではわかりやすく境界線《ボーダー》を「壁」と定義する。**人と人との間にある「壁」を越えて、違いを持つ人々がお互いの違いを尊重しながら働ける環境を作っていこう。これが持続可**

能なチーム・リーディングを実現するための、クロスボーダー・リーダーシップだ。

最終章となる5章では、違いを認め、尊重しながら、お互いの間にある壁を越えていくクロスボーダー・リーダーシップについて述べる。

壁の存在に気づいて対処しないと、個人としてもチームとしても成長が阻まれ、能力を発揮できなくなる。その結果、チーム・リーディングはままならず、リーダーとしての寿命が短くなってしまうのだから、危険極まりない。

逆にいえば、リーダー自ら壁について知り、真の意味で多様性を尊重する——つまりお互いの「違い」を尊重しつつ、壁を越えて協力し合うよう働きかけられれば、チームのメンバーは長期的に良い関係を築くことができる。**成果を出し続けるチームとは、人と人が壁を越えて付き合っていける、最良の人間関係を長く続けられるチーム**なのだ。

人間同士の間にある「壁」

「多様性」に潜む矛盾

「多様性（ダイバーシティ）」という言葉は、すでに日本でも定着している。

日本企業はたくさんの外国人労働者と共に働くようになるだろうし、人材という点でもグローバル化しないと企業は生き残れないともいわれている。

ところが、これが現実になると話は違ってくる。

「少子高齢化する日本は、外国人労働者を受け入れなければ立ちゆかない」「多様性は大事だし、共生社会は素晴らしい」と頭では理解していても、**「自分の近所に外国人が住むのは嫌だ」**と思ってしまう。

心理学の見解では、外国人（よそ者）に対する恐怖心は、人間に太古から組み込まれた感情の一つだ。**恐れは非合理かつ非理性的なもので、加えて脳は、恐れを実際よりも大きくする**。また、より本能的なエンパシー型の共感を持っている集団は、部外者に対して攻撃的になることもわかっている。

厄介だが、あって当然なのが「よそ者」への恐れだ。外国人が少ない日本の企業であれば、同僚に外国人が来ると、他国よりも戸惑ってしまう人が多いと思う。つまり「多様性」という言葉には、矛盾が潜んでいるのだ。

この頃はずいぶん変わってきたが、日本人は比較的内向きな人が多く、それには〝島国〟という地理条件の影響を受けた社会的な背景もある。

たとえば米国国際教育研究所の調査では、アメリカの大学で学ぶ日本人留学生は、留学生全体のおよそ2％に過ぎない。中国を始めとするアジア諸国の若者たちが積極的に留学しているのと対照的だ。

また、日本の厚生労働省が発表した「外国人雇用状況の届出状況」によれば、2017年の外国人労働者はおよそ128万人。前年比18％増と数は増えているが、そのほとんどは製造業とサービス業。つまり、あなたの会社のようなオフィスで働く外国人の割合は、まだまだ少ない。

こうした状況で日本のビジネスパーソンは、多様性と聞いてもなかなかぴんとこない。

「わかっているけれど、自分とは関係ない」と思う人。

「大事なのはわかるけれど、できれば自分はかかわりたくない」と避ける人。

そんな人が少なくないし、もしかすると、あなたも、そしてチームメンバーもそうかもしれない。

「部署」が違うだけで世界まで違って感じる

多様性とは、いろいろな違いがある人がともにいて、違いを強みとして生かすことだ。

そして「違い」とは、人種や国籍だけではない。**「年齢が違う」「世代が違う」「性別が違う」「雇用形態が違う」**など、様々な「違い」がある。

「上司とは世代が違うから話が通じない」

「平成生まれの部下は何を考えているかわからない」

「女性社員は扱いにくい」

「子どもを育てている社員にどう接したらいいだろう？」

「非正規雇用の社員と正社員では、考え方が違う」


このほか「理系／文系」「いい大学／普通の大学」「営業／総務」「子どもがいる／いない」など、**自分と「違う」というだけで、壁が生まれてしまう**。

壁に阻まれて交流しなければ、理解し合えないし、共感も生まれない。協働するにもぎこちなく、チームはいずれ分断する。そんなチームは成果を出すどころか、機能不全に陥るだろう。

ニューヨーク州立大学アルバニー校の心理学者、ユークルとファルベの研究によると、**リーダーが部下に何かを依頼したときの反応は次の3つに分かれる**という。

① commitment：リーダーの意思決定に内心から同意して、実際に行動に移すこと
② compliance：行動に移すが、実は関心がなく、とりあえずやっている状態
③ resistance：拒否したり、「それはちょっと違うのでは」と反論したりすること

リーダーであれば、目指したいのは言うまでもなく「①commitment」だが、メンバーとリーダーとの間に高い壁があると、それは難しくなる。だから壁を越えて――cross border――メンバーと理解し合わなければならない。

「仲間意識」も程度の問題

あらかじめ断っておくと、**壁自体は悪いものではない**。壁は自分自身を形づくる大切なものでもある。

逆説的だが、**クロスボーダー・リーダーシップの第一歩は、「壁の存在を認めること」**。つまり、**「人間は違う」「人間には壁がある」という事実をしっかりと認識する**ことだ。

1989年にドイツを東西に分断していたベルリンの壁が崩れ、同じ頃にソビエト連邦で始まった政治改革ペレストロイカで連邦解体が起き、グローバリズムが進んだ。社会主義vs.資本主義という対立構造が崩れ、世界はフラット化した。

これによって経済は活性化し、人々はより自由になった。さらにインターネットという国境を自由に越えるツールが登場し、世界は一つにつながりつつある。

だが、良いことばかりとは限らない。どんな国に行っても同じようにマクドナルドとスターバックスがあり、人々がコカ・コーラを飲みながらスマホを使うようになると、独自の文化は消えていく。多様性が薄らいでいくのだ。

人もそれと同じで、**人間には壁は必要なもの**だ。壁をまったくなくして、考え方も価値観も習慣も同じになってしまったら、個性が消失する。「違い」とは自分らしさを形づくるものであり、強みでもあるのだから、全否定するのはおかしなことだ。


壁を否定して単純につながろうとすると、「私たちは同じチームの仲間じゃないか」と一つのやり方を押し付けることになったり、「みんなで頑張ろう。だから一人だけ残業せずに帰るのはやめなさい」という同調圧力を生むきっかけになったりする。

特に日本は集団意識が強いので、**「壁をなくしてつながりを持つ＝みんな同じ、一つになる＝みんなと違うのはおかしい」という見方をしがち**だ。

だが、これからの組織は外国人を含めた多様な人が働くようになるし、子育てしながら働く人、派遣社員など様々な雇用形態で働く人、再雇用制度で高齢になっても働き続ける人など、働き方のバリエーションも増える。

なにより同じ日本人で、同じ会社で、正社員で、同じ性別、同じ年齢であっても、「みんなまったく同じ」というのはあり得ない。**違う人間なのだから、考え方も価値観も異なるのが当然**なのだ。

壁に「良し悪し」がある

『五体不満足』（講談社）で知られる乙武洋匡氏と、2015年ミス・ユニバース日本代表である宮本エリアナ氏の対話を読む機会があった。

先天性四肢切断症の乙武氏と、父親がアフリカ系アメリカ人である宮本氏は、外見からして明らかにマイノリティだから、違いをオープンにして生きている。

だが乙武氏は、**「一見、みんなと同じに見える人の中にも、違いを抱えている人はいるはずで、それをオープンにできたら生きやすくなるだろう」**という旨を述べている。

みんな違いを内に秘めている。

たとえば、性的マイノリティは「テレビの中の話」と思っている人も多いと思う。しかし電通ダイバーシティ・ラボの「LGBT調査2018年」によれば、日本人の11人に1人がLGBT（レズビアン、ゲイ、バイセクシャル、トランスジェンダー）だ。あなたのチームにLGBTがいても、なんら不思議はない。

たいてい彼らはそれを公言しないから、リーダーは「みんな同じだ」と考えてしまう。

もちろん、性的指向はプライベートなことだからオープンにする必要はない。異性愛者が、「僕は女性が好きです」とビジネスの場で表明したりしないのと同じことだ。「私はリーダーなのだから信用して全部打ち明けろ」というのもおかしな話だ。

私が言いたいのは、性的指向に限らず、**人はそれぞれ「違い」を抱えていると思いを馳せ、想像力を働かせることがリーダーには欠かせない**ということだ。

違いがあることをリーダーが率先して認めつつ、つながりを構築する。これこそ、クロスボーダー・リーダーシップなのである。

日本には、「はっきり言わなくても、それくらい察してほしい」という風潮がある。察する力が高く、空気を読む文化は素晴らしいが、いつも読めるとは限らないし、読んでも間違っていることがある。結局、問題点がわからないのにそのままにしておき、トラブルが発生することもあるのは、「空気読み文化」の負の側面だ。

だが、同じ日本人であっても、「人によって異なる」と思えば、察する力だけに頼るわけにはいかなくなる。オープンマインドになり、オーセンティックな状態で意見交換するようにもなるだろう。そのほうが、空気を読むよりも相手の気持ちを正しく知る確率は高くなる。

このように、その人の個性を形づくるものは「良い壁」で、尊重しなければいけない。だが、人間関係や多様性を生かした働き方の邪魔になる**「悪い壁」**もある。

図9　「壁」の心理学

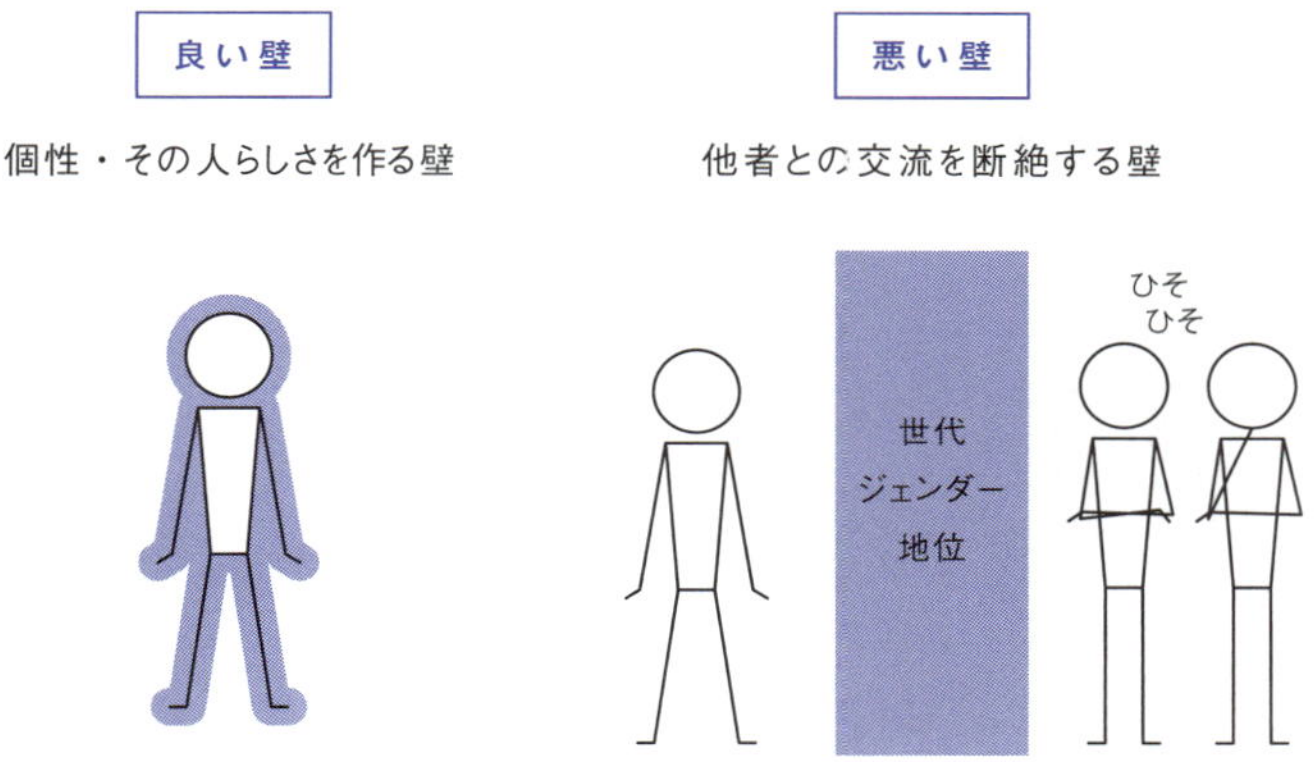

たとえていうなら、「良い壁」は家の壁のようなもので、壁がない家は風や雨をしのげず、住む人を守ってくれない。

「悪い壁」はかつてのベルリンの壁や、トランプ大統領が築こうとしている壁のようなものだ。また、中世の要塞のように人を寄せ付けない高すぎる壁も、ビジネスの場では「悪い壁」だろう。

「良い壁」を生かしつつ、「悪い壁」にどのように対処すべきか――クロスボーダー・リーダーシップを発揮するすべをあなたにもぜひ学んでほしい。

そこで、まずは**人間が持つ「対人関係に影響する様々な壁」**について、見ていこう。

複雑怪奇な「壁」

自分を縛る「壁」

良い・悪いは別として、**人間一個人が持つ壁は、次の3つに分類できる**。

これらは個性という「良い壁」になることもあれば、時として人と理解し合えない原因となったり、自分の成長を阻んだりする「悪い壁」にもなる。

①「文化・慣習」の壁（政治信条、宗教を含む）
②「行動様式」の壁
③「前例」の壁

●「文化・慣習」の壁

1番目は**「文化・慣習の壁」**。

国籍や人種が違えば、文化や慣習が違う。食事や挨拶でも、自分の「当たり前」と違う「当たり前」をしている人がいると、違和感を覚えるものだ。

ビジネスの場で典型的なのは「時間感覚」で、日本人やドイツ人は時間に正確だ。たとえば会議であれば、日本人の多くが5分前には席に着いている。

だが、「多少遅れても構わない」という文化の国もある。アラブや南米がそうで、会議が始まってから悠々と登場し、特に悪いとも思っていなかったりする。

時間に正確な国の人なら、遅刻した際は平謝りするだろう。周囲は遅刻した人に対して、「たるんでいる」と責めたり、「だらしなくて信用できない」と思ったりする。

これは外国人との間の問題に限った話ではない。日本人同士でも、文化や慣習の違いは存在する。**生まれ育った家庭環境でも文化や慣習は異なるし、地域差もある**。

また、会社やチームなど所属する組織ごとにも慣習は違う。朝、定時に出社し、全員に挨拶しながら席に着く慣習の会社もあれば、フレックスタイムなどでまちまちの時間に出社し、挨拶は特に不要という会社もある。〝挨拶しないでいい会社〟から〝挨拶がマストの会社〟に転職してきた人は、「挨拶もろくにできないのか」と白い目で見られたりする。

単なる違いで「良い・悪い」ではない。文化や慣習は「家の壁」のようなもので、その人を形づくる個性であり、アイデンティティにかかわるからだ。

しかし往々にして、**人は「自分の文化・慣習が正しい」と思ってしまう**。その思い込みこそ、文化や慣習が「悪い壁」になる原因だ。

「自分の文化や慣習がベストで正しい」と思い、相手にもそれを求めてしまうと、誰にでもある「文化・慣習の壁」がたちまち「悪い壁」になり、自分とバックグラウンドが異なる人とうまく付き合えなくなる。反対に自分と相手、双方に背景があることを認めれば、それは多様性を尊重する「良い壁」になる。

●「行動様式」の壁

「行動様式の違い」という壁も、リーダーに大いに関係する。

ビジネスごとに「常識」は違う。製造業の常識と小売業の常識は違うし、同じ販売でもBtoB（法人向け販売）とBtoC（消費者向け販売）でやり方は違う。

この違いを拒絶し、自分のやり方にこだわっていると、**チャンスの幅が狭くなる。**逆にいえば、やり方を切り替えていければ、時代に適応していける。同じやり方を守り続ける伝統工芸などは別だが、一般のビジネスパーソンの場合、行動様式の壁は「悪い壁」と考えてどんどん越えていったほうが良さそうだ。

まさにその代表といえる例がある。

ＢＢＧベンチャーズ社長のスーザン・ラインは、様々な業界でキャリアを積んできた。

雑誌編集者としてキャリアをスタートし、2000年代にはTV業界に移り、2008年にはeコマース業界へと転身した。会員制で高級ブランドをネット販売するeコマース企業、ギルト・グループへの経営参画だ。

現在在籍しているBBGベンチャーズは投資ファンドだから、時代の変化とともにまったく違うビジネスモデルに移っているといっていい。

スーザンは異なる業界の違うやり方も受け入れ、自分の中にある「こんなの、やったことがない」と感じる「やり方の壁」を突破してきたのだろう。

●「前例」の壁

3番目の壁は、**「こうあらねばならない」という思い込み**で、会社の伝統や前任者のやり方、いわゆる**〝前例〟や〝常識〟を意識しすぎることから生まれる。**

たとえば、「リーダーとは厳しくなければ」というのはリーダーについてのその人の思い込みで、それが心理的な壁となり、自分らしいリーダーシップを発揮できなくなる。

偉大な前任者や会社の伝統も、心理的な壁となり、リーダーを萎縮させる。

アップルCEOティム・クックは、死を前にしたジョブズがこう述べたと語っている。

〝Don't think, what would Steve Jobs do. Do what you think is right.〟

「『ジョブズならどうやっただろう？』と考えなくていい。自分の信じる道を行け」

ジョブズのようでなければならないと思えば、クックの中に障壁が生じただろう。だが、壁を越えて自由に考えなければ、クックは自分らしさを発揮できず、アップルは成長しない。だからジョブズはあえてこう語ったのだと思う。

素晴らしいリーダーに恵まれて成長してきた人は、それが自分にとって心理的な壁になりうると覚えておこう。いくらかつての上司が素晴らしくても、同じようにする必要はない。あなたはあなたらしいリーダーシップを発揮すればいい。

小さな会社で働いていると、影響力が大きな社長がいたりするものだ。あなたがもしそうなら、「社長のやり方」という自分の中にある心理的な壁を越えていかなければクロスボーダー・リーダーシップは身につかない。

「こうあらねばならない」と意識するあまり成長できなくなるなら、その心理的な壁は「悪い壁」となる。壁の内側で行動していたら、結果的に〝先代〟という他者の土俵の上で勝負をすることになり、自分らしさや能力を最大限発揮することは難しい。これでは、ビジネスとして〝前例〟以上の成果を残せるかどうか、非常に不安なところだろう。

チームを断絶する「壁」

一個人が持つ３つの壁をおさえたところで、次はビジネスの現場に見られる、自分と他者の間にあるベルリンの壁のごとき「壁」について、代表的な４つをピックアップしよう。必ずしも悪いものではないが、対処法を間違えるとチームを断絶する原因ともなる。

①「パワー」の壁
②「男女」の壁
③「世代・年齢」の壁
④「ステレオタイプ」の壁

●「パワー」の壁

リーダーが力を持ちすぎて、「君たちは黙ってついてくればいい。重要なことは私が決める」と振る舞ったら、部下と自分との間にとんでもなく高い「パワーの壁」を築くことになる。あまりに高くて越えられない壁だとコミュニケーションは断絶される。パワーハラスメントは、こうした高いパワーの壁を築いているリーダーが犯す過ちといっていい。

逆にやさしいリーダーが友人のように部下と付き合ったら、「パワーの壁」はとても低くなり、もしかしたら消滅してしまう。そうするとけじめがつかなくなり、「目的を主張する」「モチベーションを引き出す」「適切なフィードバックをする」といった、リーダー本来の役割が果たせなくなる。

ミスをして注意された部下が「そんな厳しいこと言わなくてもいいじゃないですか」と上司に言い、上司は「立場上、言っただけだよ」と言うような、なあなあの関係となったら、お互いに気楽かもしれないが、チームとしても個人としても成長は見込めない。

また、重要な局面でリーダーがいざ強いことを言おうとしても、日頃から壁がなければ部下は真摯に受け止めない。「あれ、急に怒り出してる」と受け流す部下や、「上司風を吹かせて感じが悪い」と反発する部下には、リーダーが何を言っても通じないだろう。

だからパワーの壁は、必ずしも悪いものではない。しかし、リーダーにはパワーだけでなく、説明責任、ひいてはチームを導く責任がある。**馴れ合いにならず、リーダーという役割を果たすために、お互いを隔てる「ある程度の高さの壁」が必要**なのだ。

この「ある程度の高さ」という加減は難しいし、ビジネスの現場は複雑だ。

個人という「家」には、それを形づくるための「壁」がある以上、家族でも友人でも、人と人との間には何かしら壁がある。それでも「人間対人間」という意味では、リーダーと部下は平等だし、壁を越えて付き合うべきだ。

しかし、ビジネスの現場では、リーダーと部下は立場が実際に違うから、ある程度の「壁」が必要となる。ではどのようにして壁を扱うべきか説明する前に、ビジネスの現場にあるそのほかの壁を見てみよう。

●「男女」の壁

私の祖母は明治の生まれで、死ぬまで同じ話を繰り返していた。

「医者や教師になりたかったし、その力もあったのに、**女の子だからだめだった**。親には『おまえが男の子ならよかった』と言われた」

これは古い世代の価値観だと、あなたは思うだろう。

だが実際に、**男女の壁はいまだ高い**。だから女性リーダーは悩みを抱えることがあるし、部下になった男性もコミュニケーションに戸惑ったりする。

パタゴニアの例をもとに、残念ながらアメリカでもまだ女性が１００％活躍する社会ではないと述べたが、日本はさらに男女の壁が高い。

内閣府男女共同参画局の２０１７年の調査によれば、日本の上場企業における女性役員の割合はわずか３・７％に過ぎない。

同調査によると、世界の女性管理職の割合は、フィリピンが49％と飛び抜けて高く、ほぼ男女平等だ。アメリカは約43％、イギリスや北欧は36〜39％でまずまずだ。ところが、**日本は13・2％と、調査が行われた12か国中、最下位の韓国（10・5％）についで低い**。同じアジアでも、日本の女性管理職の割合はマレーシアのほぼ半分しかないのだ。

「女性の活躍を重んじる働き方改革」「多様性の尊重」といいながら、日本企業も課題をたくさん抱えているといっていい。

男女の壁が生まれるのは、そこに偏見があるからだ。「女はこういうもの」「男はこういうもの」という思い込み、バイアスである。

「女性は感情的でリーダーに向かない」

「男なのに弱音を吐いて、だらしない」

壁を作る人の心理には、必ずこうしたジェンダーについての偏見がある。

一人ひとりを人間として見れば、それは間違いだとわかるはずだ。

感情的な男性もいるし、論理的な女性もいる。一般的に女性が感情的だからといって全員がそれにあてはまるわけではないし、論理的思考が苦手な男性はいくらでもいる。4章でも述べたが、**ステレオタイプに人をとらえたり、思い込んだり、偏見を持ったりするの**

は壁を高くしてしまう要因となる。

性の差は確かにあるが、**私たちは男と女である前に同じ人間であることを忘れずにいよう**。特にビジネスの場では、それが鉄則といえる。

●「世代・年齢」の壁

「世代・年齢の違い」という壁も、ビジネスの現場には存在する。

もしもあなたが、自分より年上の人の上司になったら、「部下だけど、あっちのほうがベテランだ」などと年齢についての気遣いや思い込みが複雑に絡み、「年齢の壁の高さ」をどうすればいいか、さらに調整は難しくなるだろう。

年功序列制度は消えつつあるといっても、ここ10〜20年程度の話だ。東アジアには「年上を尊重する」という二千年続いた儒教の伝統があり、そう簡単に年齢の壁は消えない。「年齢が上＝敬うべき」というのは文化としては悪い壁ではないが、ビジネスの場に持ち込みすぎると混乱のもとだ。

また、「上司は頭が古いから、新しい企画を理解してくれない」と若い部下は感じていることもある。世代間ギャップはあって当然のものだが、**「年上はこうだ」「年下はこうだ」とお互いが偏見を抱いていたら、年齢の壁は「悪い壁」になってしまう**。

では、若ければ若いほど偏見がないかといえば、実はそうではない。

数年前、作家のウィリアム・デレズウィッツがスタンフォードで講演をした。元イェール大学教授のデレズウィッツは、アメリカの一流大学について知り尽くす人物だ。

「アメリカのエリート学生たちは、頭も良く賢いので決められたことはそつなくこなす。だが、自分で考え、クリエイティブなことをする能力に乏しい。彼らはリーダーではなく、羊飼いの後ろをついていく**〝優秀な羊〟**に過ぎない」

この主張は彼の著書『優秀なる羊たち』（三省堂）にも書かれている。講演に参加した学生たちのアンケートをまとめていた彼が、あとでこう教えてくれた。

「私の講演に対して**『あなたは間違っている、そんなことはない』と批判の声を寄せているのは、ほとんど1年生**ですね」

名門といわれるスタンフォードだから、自分に自信を持っている学生は多い。特に1年生は「合格できたのは、自分の実力だ」と信じている。

確かに実力という要素は大きいが、高額な学費を払える両親、高校時代の教師、クラブ活動の監督など、まわりの支援もあったから合格できたのに、そこには気づかない。「自分はすごい」という思い込みで、自分のまわりに「高くて悪い壁」を作ってしまう。

ところが**3、4年生は、「デレズウィッツの意見は当たっている」という感想が多かっ**

たそうだ。大学でほかの優秀な学生に触れ、「高校時代はナンバーワンだったけれど、ここでは普通の学生に過ぎない」と悟るためだろう。また、インターンシップなどで社会に触れれば現実がわかってくる。だから思い込みを外して人の意見を素直に聞けるのだ。「自分は特別なエリートではない。世の中にはもっとすごい人もいるし、知らないことはたくさんある。確かに自分は、従順な羊になってしまうかもしれない」と。

フェイスブックのマーク・ザッカーバーグは22歳のときに、「若者のほうが賢い」と発言して物議を醸したが、**頭がかたい若者もいれば、柔軟な発想をする中年もいる。**シリコンバレーは極端なまでに若さに価値を置くが、それが常に真実とは限らない。

あなたの会社でも、若手社員ほどまわりが見えていないために自信過剰になったり、勝手な思い込みや偏見を「絶対に正しい」と言い張ったりすることがあるだろう。いわゆる一流企業であればなおさらだ。

ただし、**「若い＝自信過剰」と見なすのは偏見**だ。若くてもちゃんとまわりが見えている人もいるし、中堅以降であっても思い込みで壁を高くしている人がいることも忘れずに。

●「ステレオタイプ」の壁

パワー、性別、年齢の違いは、ビジネスの現場を断絶する壁となる危険をはらんでいる。

これらは他者との間にそびえたつ「高すぎる悪い壁」だが、**自分のまわりに勝手に壁を作ってしまう人**もいる。それが4つ目の「ステレオタイプの壁」だ。その人をがっちりと取り囲み、誰も立ち入れない「悪い壁」だ。


「私は文系だから、売上の数字のことを言われてもわからない」

「私は女性だから、取引先にイエスと言ってもらえない」

こう考える人たちは、偏見やステレオタイプの持ち主だ。「文系はこう」「女性はこう」というステレオタイプに率先して自分を当てはめて、自分で自分を小さな壁の中に閉じ込めている。


スタンフォード大学名誉教授の社会心理学者クロード・スティール博士の研究で、**自分をステレオタイプの壁に閉じ込めた人は、十分に能力が発揮できない**ことがわかった。

女性やマイノリティ（少数民族）が、自分の能力についてネガティブな思い込みを抱いていると、彼らのパフォーマンスは実際に悪化するというのだ。

たとえば、「女性は自己主張できない」と思っている女性は契約が取れなかったり、「白人じゃないから対等に扱ってもらえない」と思うマイノリティは会議での発言が少なくなったりするということだろう。

だが、ステレオタイプの壁から自由になれば、可能性は広がる。その好例が、メグ・ホイットマンだ。

彼女はP&G、ベインアンドカンパニーを経て、eBay、ヒューレット・パッカードのCEOとして活躍してきた人物だ。同社がHP Inc．とヒューレット・パッカード・エンタープライズに分社化されたのちはエンタープライズのCEOに着任したが、現在はスタートアップ企業のCEOに転身している。

ホイットマンが資産32億ドルを築き、2017年の「自力で成功した女性大富豪ランキング」でトップ10に入っているのは、**自分を「女性は控えめに」という思い込みの枠に閉じ込めたりしなかったからに違いない**。

彼女の母は、ホイットマンや彼女の兄妹に**「やろうと決めたことは何でもやり遂げることができる」**という教えを伝えたそうだ。第二次大戦中、完全男性社会である飛行機の整備士になれた経験からくる、ホイットマンの母の言葉だったのだろう。

このメッセージを胸に刻んだからこそ、彼女は性別という固定概念を超えてリーダーとして正しい主張をし、投資家、ボードメンバー、社員、それぞれ違う主張がある多様な人々を、うまくまとめ上げることができたのだ。

「壁」をマネジメントする

結局、メンバーは「どう扱われたい」のか？

変化できないチームは、持続性のある組織にはなれない。変化を妨げ、チームを分断しかねない悪い壁について理解したら、良い壁に変えていこう。

4章で紹介した、「この世に生き残るのは、力のある者ではなく、知識を持つ者でもなく、変化できる者だ」というダーウィンの言葉を思い出してほしい。そして、チームが変化するために必要不可欠なのが、多様性、すなわち「異なる属性や個性を持った人材」だ。

リーダーは、人が誰でも持っている多様性という「個人の壁」を生かしていく必要があるのだ。

同時に、様々な理由で生じる「高すぎる悪い壁」は、チームを分断する原因ともなりかねない。

誰もが持っている多様性という「個人の壁」を、「バラバラになってしまうデメリット」ではなく、「様々なスキルや強みを持つメリット」にできるチームには、どうすればなれるのだろう？　どのようにして「悪い壁」を越えればよいのだろうか？

この点について、具体的な方法を述べていこう。

人間がみな持っている壁を理解し、尊重する。そのうえで程よい壁の高さに調整したり、時には壁を壊したり、壁を越えたりという「壁のマネジメント」をして、多様性を持つチームを活性化しよう。

これこそ、クロスボーダー・リーダーシップを発揮するということだ。

スタンフォード大学の心理学教授のヘーゼル・マーカス博士は、「日本文化にはどのようなリーダーシップが効果的か」を調査している。

アメリカと日本の文化はかなり違う。だが、マーカス教授の調査によれば、「基本的なところでは、日米の差はない」ことがわかった。**人が幸福や成功を手に入れるには、ほかの人との関係が重要であり、誰でも「尊敬されたい、感謝されたい」と願っている**。その点は日本でもアメリカでも同じだというのだ。

しかし、日本とアメリカの違いも研究から見えてきた。アメリカで大切なのはあくまで「個人」だが、**日本では「集団の調和」を重んじる**という。

そこであなたは日本のリーダーらしく、「チームの調和」を意識しながら、クロスボーダー・リーダーシップを発揮していくといいだろう。

「いいつながり」を与える――生来の欲求には逆らえない

「個人の壁」を多様性というメリットとして生かすために、まずはハーバード大学の心理学者デイビッド・マクレランド博士の研究を見てみよう。彼はモチベーション研究の先駆者で、1976年に「欲求理論」を提唱している。

これによると、人はビジネスの場で「3つの欲求」を持っている。

①権力欲求　Power：人に影響を与え、コントロールするパワーを持ちたい
②成果欲求　Achievement：目標を達成し、成果を上げたい
③親和欲求　Affiliation：人と良いつながりを持ち、良好な人間関係を築きたい

人は誰でもこの3つを持っているが、①と②が強くなりすぎると、旧来型の強権的リーダーになってしまう。

そこで私は、これからのアサーティブ・リーダーは**3番目の親和欲求をうまく使うべき**だと思う。具体的には、ここまで紹介してきたオーセンティック・リーダーシップ、サーバント・リーダーシップを用いてチームのメンバーと人間的なつながりを築くといい。

ダニエル・ゴールマンも著書『Primal Leadership』で、「リーダーシップに大切なのはEQだ」と述べ、「人の心を理解し、つながることの重要性」について言及している。

まずは壁の存在を認識したうえで、**前章までのリーダーシップで紹介した、適切なコミュニケーションやフィードバックを使って上司と部下、チームのメンバー同士の間に良いつながりを築いていこう。**

そうすれば個人を形づくる「良い壁」は尊重しつつ、コミュニケーションを分断するような、高すぎる「悪い壁」はなくしていける。

集団の中の良き人間関係づくりで、チームの中の「悪い壁」を低くしていこう。

感謝は「しまくる」くらいがいい

人それぞれ、様々な違いを持つメンバーが団結するチームは素晴らしい。「みんな同じ」というわけでなく、個性を尊重し、独自の能力を発揮する。

「そんなもの、理想論だ」とあなたは思うかもしれないが、心理学の研究で、個性を尊重しながら団結できるチーム作りに有効だと立証されているシンプルな方法がある。

「感謝すること」だ。

感謝されると、内的モチベーションが上がり、パフォーマンスが良くなることがわかっているが、それだけではない。心理学の研究によると、**自分の行動について誰かに感謝された人は、もっと良いことをするようになる**という。**「本当に助かります、ありがとうご**

ざいます」などと言葉や態度ではっきり感謝を表す集団では、まわりの人を手伝ったり助けたりする人の割合が倍増したというのだ。

あるボランティア団体を対象にしたこんな調査がある。

その団体のメンバーは自宅から一般家庭に電話をかけて募金を呼びかけていた。

活動中、一部のメンバーの自宅にはマネジャーが訪問し、「募金活動は重要なことだ。あなたが一生懸命に電話をかけてくれることが本当にありがたい」と感謝を示すようにした。そしてマネジャーが訪問していないメンバーと訪問したメンバーの、その後の募金活動を比較した。

すると、**マネジャーが訪問し「あなたに感謝している」と伝えたメンバーの1週間の通話数は50％以上増加**した。感謝されなかった人の倍も電話をかけていたのだ。

そこでリーダーは、次のような流れを起こそう。

① まずリーダーが「部下個人」に感謝を示す

どんな小さなことでもいい。「君がミーティングの議事録をシェアしてくれて、本当に助かった、みんなの役に立つ」というように、**リーダーが進んで部下個人の仕事ぶりやってくれたことに対して感謝を示そう。**

②感謝を示された部下は、「内的モチベーション」が上がる

人には肯定されたいという心理があるから、上司に感謝という肯定をされたことで、「自分の貢献には意味がある」と部下は心を満たされ、内的モチベーションが上がる。

③感謝を示された部下は、「良い行動」を再現する

内的モチベーションが上がった部下は、次のミーティングでも議事録をシェアする。さらに誰かを手伝うべき場面でも、快く手助けするようになる。なぜなら、**「感謝された人は、知らない人にまで親切にする」**という心理があるためだ。

④「感謝の連鎖」が起きる

誰かに親切に手助けしてもらえたら、それが日頃あまり付き合いのない同僚でも悪い気はしない。まして、影響力が強いリーダーが日頃から小さなことにも感謝していたら、部下たちも「ありがとう、本当に助かった」と感謝するようになる。

こうして感謝と手助けが多発し、ポジティブな雰囲気がチーム内に広がっていく。チーム内では壁を越えた、思いやりある関係ができていく。

一般に手助けというのは、**「相手にできなくて、自分にできること」**について行われる場合が多い。

たとえば男性が女性の重い荷物を持ってあげるのは、力がない人に力がある人が力を貸すという行為だ。今のビジネスシーンなら、英文メールが苦手な人に英語ができる人が力を貸したり、IT系に強い人が「パソコンはどうも」という人を手伝ったりするといったところだろう。

つまり、お互いに異なる強みで「手助け」し合い、感謝によってそれが循環していく。まさに、**感謝するチームは、「多様性を生かせるチーム」である**ということだ。

「細胞膜」をまとうイメージで

高すぎる壁は「悪い壁」となりチームの機能不全を招くが、**壁をまったくなくしてしまうと、チームの力は消える。**なぜなら、同一化してしまった組織は強そうで脆い。同じ思考に洗脳された宗教団体や、国民が全員「一番偉くて素晴らしいのは指導者だ」という考えをする独裁国家に、持続性はないだろう。

そこで私がおすすめしたいのは、**「細胞型の組織」**だ。

人間の体には、およそ37兆個の細胞があるといわれている。細胞は主に脂質でできた二重の膜に包まれている。この細胞膜がなければ、細胞の中身——核小体、細胞核、リボソームなどは一定の状態を保てない。細胞膜なしで、細胞は細胞として存在できないのだ。細胞膜はしっかりと中身を包み、守っているが、厳しい守衛係のように何も通さないわけではない。細胞膜には**「半透性」**という機能があり、膜を通過させていいものと悪いものを選別している。ごく小さな穴があいていて、栄養分や水分などの必要なものは取り入れ、不要なものを排出しているのだ。

リーダーは、人間を作っている細胞にならって、自分もチームも**「壁」ではなく「細胞膜」を持つ意識でいよう。**壁をなくして同一化するのでもなく、何もかも取り込むのでもない。他者と自分を分ける「壁」ではなく、行き来できる「膜」を存在させるのだ。自分に必要なものや自分を成長させてくれるものは膜を通過させ、そうでないものは受け入れなければいい。

細胞膜こそ、チームにとっても個人にとっても「良い壁」となる。

細胞膜を持った様々な細胞――メンバー一人ひとりという人材――が集まってできた「細胞型組織」は、多様性を持ちながらつながりを有する、クロスボーダーな強いチームとなるだろう。

IQ、EQ、そして「CQ」

シリコンバレーが重視する「CQ」とは？

細胞型組織では、一人ひとりが個性を持つが、ばらばらではない。自分に必要なものや自分を成長させてくれるものは柔軟に取り入れ、不要なものは受け入れない。

では、「必要なものや成長させてくれるもの」とはなんだろう？

社内研修で技能を教えたり、コーチングなどの手法を取り入れることも有効だし、成長につながる。だが、**人にとって一番の栄養となるのは「人（他者）」にほかならない**。

チームメンバーが、違いを持つほかのメンバーの強みを知り、良いところを取り入れれば、「人」が生み出す栄養を取り入れたことになり、やがてチーム全体が変わっていく。

違いを否定することなく、壁の存在を認識したメンバーが「人」という栄養によって成長し続ける限り変化は続くから、状況が変わっても対応し、チームは生き残っていける。

まさに壁を越えて多様性を生かし、持続性を持つ「クロスボーダー・リーダーシップ」そのものというチームとなる。

そのためにリーダーは、**「CQ」**を知っておくといいだろう。

「IQよりEQのほうが重要だ」

この考えはすでに定着しているが、私は第3のQ**「CQ：Cultural Intelligence Quotient」**こそが大切だと考えている。CQとは「文化の知能指数」つまり「異文化理解の力」だ。

そもそも心理学では、文化的な能力（cultural competence）について50年にわたって様々な研究がなされてきた。文化的な能力とは、自分とは異なる文化や信念を持つ人々を理解し、認め、交流する力である。

「文化的な能力」という考え方はまず臨床心理学で用いられるようになったが、2000年代の初めになると、組織心理学の研究者たちが政府機関やビジネス・教育現場、そして学術研究上で「CQ」という言葉を使い始めた。

異なる文化を持つ者同士という存在を認識して理解し合い、一緒に仕事をしながら良い結果を出す――このCQという概念は、今ではシリコンバレーの企業やアメリカ全土で盛んに使われている。

〝人種のるつぼ〟アメリカの場合のCQは、主にほかの文化を持つ人たちに対する異文化理解の力だが、すでに述べた通り、人は一人ひとり価値観や考え方が違う、〝異文化〟の持ち主だ。

私は違いに思いを馳せ、他者を理解することも、CQがものをいうと思っている。たとえ同じ家庭環境で育ったきょうだいであっても、一番目に生まれたか二番目で生まれたかで、考え方が異なることも往々にしてある。

特に調和を重んじる日本人は、「我々日本人」と同化したがる感覚があるため、違いに対して否定的だ。だが、**「人はそれぞれ違う」「違いから学べることがある」と理解することこそが、CQを高める第一歩**であり、持続的な人間関係の礎となるのである。

「創造性」に直結する

シリコンバレーでCQが重視されるのは、それが**クリエイティビティにつながる**と考えられているからだ。

CQが高い人は、「自分とは違うもの、知らないものを知りたい」という好奇心が強い。

「テスラで自動運転の車ができた」と聞けば、乗ってみる。コンピュータにこれまでなかった機能が加われば試す。抵抗なく、新しいことにチャレンジするのだ。見たことも聞いたこともないエスニックフードをためらいなく食べる人のほうが、「食べ慣れないものはまずいと困るからいらない」という人より味覚の幅が広がる。

これがビジネスであれば、「やったことがない分野には手を出したくない」という人より、「違う業界の違うやり方を取り入れてみよう」という人のほうが成果を出しやすくなる。柔軟な発想で、新しいことを始められる。

あらゆる文化は異なる文化と掛け合わさることで、火花が散り、スパークする。ある人が知っていることと、ある人が知っていることが掛け合わさって、イノベーションが生まれる。

シリコンバレーは、この「スパーク」を非常に大切にする文化を持つ。**CQが高い人は、クリエイティブかつイノベーティブな人材**と見なされて常に求められているのだ。

スタンフォードは多様な人材を輩出するために、勉学に優れた学生だけでなくスポーツや芸術に秀でた学生や社会活動をしている学生を合格させる。学生が「お金持ちの白人」に偏らないよう、人種のバランスも考え、マイノリティにも門戸を開く。

これは大学として、多様性を尊重し、CQを高めようとしているからにほかならない。アメリカの一流大学は、同様のやり方で新入生の合否を決めている。

うまくいけば「スパーク」が生まれる

いっぽう日本では、これまであまりCQが認知されていなかった。

私は東大の前に、テンプル大学ジャパンキャンパスで働いていたことがある。テンプル大学はフィラデルフィアの州立大学で、ジャパンキャンパスは1982年にできた日本最初の外国大学だ。学生は日本人がメインだが留学生も多く、様々なバックグラウンドを持つ学生が集まっているため、私がいた頃も卒業生はかなりCQが高かった。語学力は無論ある。

ところが就職活動をした学生から、「うちの会社のカラーには合わない」「あなたは日本人なのに、まるで外国人みたいだ」という理由で不採用になったという話を何度も聞いた。つまり、〝普通の日本人らしくない〟彼らは、組織の調和を乱す存在だというのだ。

「異なる文化と日本の企業文化の掛け合わせで生まれるスパークを、誰も期待していないのだろうか？」

25年も前の学生の話だから今とは事情が異なると思うが、私はショックを受けた。「違う個性の人間がいると組織の調和が取れない」というメッセージを突きつけられたような気がした。

実際のビジネスにもCQは大事なのに、日本企業の中でCQが高い人は、「外国が好きな人」とか「多趣味な人」のように片づけられてきたのではないだろうか。そして、真面目で趣味もないような人が、組織では評価されてきたのではないだろうか。

一見仕事と関係なさそうなことも、新たな知識として掛け合わせれば、いくらでもクリエイティブになれる。これまでは決められたことを正確にこなす人材が求められてきたが、今、あなたのチームはすでに、そんな状況ではないはずだ。

時代は変化している。違いを認識して、あなた自身のCQを高めよう。そうやってクロスボーダー・リーダーシップを発揮し、CQが高いチームを目指してほしい。

「チャレンジング」な環境を整える

どうすればチームを最大限クリエイティブに、できる限りイノベーティブに変えられるのだろう？　クリエイティブでCQが高いチームになるには何をすべきだろう？

それには３つのアプローチがある。

①可及的速やかに、クリエイティブな人を社内外から「採用」する

②すでにチームにいるメンバーを、彼らが持っているクリエイティビティを発揮できるように「トレーニング」する

③メンバーそれぞれの自主性を尊重し、彼らがもっとクリエイティブかつイノベーティブになれる「働く環境」を作る

これはシリコンバレーのやり方なので、おそらく日本で働くあなたにとって、①は現実的ではない。クリエイティブな人をいきなり採用するのは難しいだろうし、「あそこの部署のAさんの目のつけどころはすごくいい。うちのチームに来てもらおう」というわけにはいかない。どこの部署もそういう人材は大切だから、異動はそれほど簡単ではない。

そこで試してほしいのが、②と③の、**今のチームをクリエイティブにするアプローチ**だ。

②についていえば、グーグルでは1日の自分の時間のうち、20％を各々のクリエイティブのための時間に当てているという。シリコンバレーはそのような施策と実例の宝庫だから、世界中からたくさんのビジネスパーソンが視察にやってくる。

②と重なるところもあるが、CQが高いチームになるための③のアプローチ、「働く環境」づくりとして私がすすめたいのは、チームに**「デザイン思考」**を取り入れることだ。

日本は減点法の評価で、失敗を極端に避ける。反対にデザイン思考は、「とりあえずやってみて、ダメだったら新たにまた作り直す」というやり方だ。

シリコンバレーは、あまりにデザイン思考に偏りすぎて、「とりあえずやってみる」から「ダメだったらまた作る」までのプロセスが短くなりすぎている。成功するまでのプロセスがなおざりになっているという批判もある。

だが、**日本の場合は「じっくり型」なので、デザイン思考を取り入れても、デメリットよりメリットのほうが大きくなるだろう**。「失敗してもいい」という働く環境ができれば、メンバーはチャレンジする勇気が湧き、クリエイティビティを発揮できるはずだ。

このように、各々が独自性をいかんなく発揮できる環境を整えれば、CQもクリエイティビティも、相乗効果でより高まる。最終的には、メンバーそれぞれが違いを認め合いながら、新しいものを生み出す最高のチームができあがっていくだろう。

最後の問い――「自分の壁は何か」

クロスボーダー・リーダーシップとは、私の人生の背景でもある。

ハーバード大学院時代、私は留学生とマイノリティの学生を集めた組織を作り、修士課程のアドミッション・コミッティに加わった。日本風にいうと〝入試委員会〟だ。

前述した通りアメリカの一流大学は多様性を重視しているので、多様な学生を合格させる。今もその制度は変わらず、たとえばコンピュータ・サイエンス専攻であれば、放っておくと「インド系やアジア系の学生だらけ」になってしまうので、黒人やヒスパニックにより多くチャンスを与える。もちろん、平等性にも配慮しないといけない。

つまりアドミッション・コミッティは、大学の多様性を実現するための「調整」を行い、違う個性を持つ多様な学生を集める組織だ。そこから優れた人材を輩出すれば、その大学の価値が高まるという考え方で、これは私にとって、実際に異文化間の壁を越えるための活動でもあった。

日本に行き、東大で働き始めた頃にも、国を越えた留学生のＩＳＡ（International Student Association）という組織を主宰し、やはり壁を越えようとした。

ＩＳＡの活動の一環として、学生自治会を結成したことがある。「絶対にリーダーになりたい」と強く主張する中国人と韓国人がもめたりはしたが、それまでは国別で固まっていてあまり交流がなかった留学生の間の「高すぎる悪い壁」を低くしたことは、私がクロスボーダー・リーダーシップを発揮できたことだったと思う。なかでも、異国の学生が一緒になってプレーするサッカートーナメントの開催は、当時注目を集め、新聞に取り上げられた。

壁は、人と人の間だけでなく、一人の人間のまわりだけでもなく、一人の人間の「内側」にも存在する。私自身の内側にも壁があり、これまでそれを越え続けてきた。

日本で生まれて1歳で渡米し、再び日本に戻ったのは20代の半ば。日本人の叔母や叔父、いとこたちに温かく歓迎され、当時の話を色々聞かせてもらった。私の心をとらえたのは、両親の「壁」の物語だ。

悲惨な戦争のあと、アメリカ占領下の日本で、父と母は国家、宗教、民族性、文化の壁に阻まれていた。当時の法律では国際結婚ができなかったのだ。

その後、法律が変わったことで、両親は正式に結婚することができた。

私が「壁を越えたい、日米のかけ橋になりたい」と思ったのは、「国家」という壁が家族の中にも入り込んでいたという、この幼い頃の事情にも理由がある。

とはいえ、自分の中に抱えている日本とアメリカという二つの「違うもの」は、壁となって私のアイデンティティをバラバラに引き裂くものではない。**その「違い」はそのまま存在し、多様性として私を一層豊かにしてくれるはずだ。**

心理学を学んでからは、そんなことを考えるようになった。

私は自分の「違い」を認めたとき、自分には国境《クロスボーダー》を越えて人々を助けることができると気づいた。

違いを越えて調和し、一緒に生きることを教えてくれた父と母。彼らに育てられた私は、異なる文化を持つ人々をまとめ、あらゆる種類の壁を細胞膜に変えて、お互いを理解するビジョンを広げることができると悟ったのだ。

心理学を学び、大学で心理学を教え始めたとき、私の人生の背景と個人的な経験は、多様性とあらゆる人々のニーズを理解するうえで、大いに役立った。

そして、私がクロスボーダー・リーダーシップを発揮するにつれ、学生やほかの多くの人たちが私を信頼してくれるようになった。

クロスボーダー・リーダーシップを身につけられたのは、私の中にある「違い」のおかげだ。**多様性を認めるとは、自分の個性を認め、そしてお互いの個性を認め合うこと**でもあるのだ。

エピローグ

リーダーの特権と責任

「リーダーシップとは、自分の可能性を最大限に引き出して生きるための、最善の方法である」

そう信じているから、私はスタンフォードでリーダーシップを教えている。

本書で紹介した私の考えは、個人的な経験と心理学の研究に基づいている。日本とアメリカという二つの国の文化を受け継いでいるという個人的な背景と、幅広く研究し、実践してきた日米の心理学の知見の結晶だ。

最後に、私の個人的な「物語」についてお伝えしておこう。

＊＊＊

20代の頃、私は「暗い森」に迷い込んでいた。

世界の思想や文学に影響を与えたダンテの『神曲』は、「人生の半ばにして『暗い森』に迷い込んだ」ところから壮大な物語が始まる。私も自分の道を見失い、途方に暮れていた。自分の人生は空っぽで無意味だと感じ、職場でも家庭でも日々の雑事に追われていた。そこで私は日本に行き、愛媛で母方の祖母と一緒に暮らすことにした。そして彼女が、私の「先生」になったのだ。

祖母は私に、自分という存在を理解し、受け入れるために、**「自分が何者かを思い出しなさい」**と教えてくれた。つまり自分の能力、知識、経験、バックグラウンド、そして強みを知り、しっかりと意識するようにしなさい、ということだ。

すると私は、自分の能力や経験ばかりか、弱さにも気づいた。祖母も「おまえはやさしくて親切だけど、気が小さいね」と示唆した。私は、そのすべてを受け入れることができた。私が祖母を好きだったのと同じように、祖母が私を愛してくれたからだろう。祖母の取り繕いのないまっすぐな気持ちに動かされたから、私は弱さを受け入れ、成長しようと努力できた。

祖母はまた、**「何のために生きているか、自分に聞いてごらん」**と言い、私が自分らしい人生の目的を持てるようにしてくれた。そこで私は、自分の役割を見つけ出そうと模索を始めた。その道をたどることで「生きる意味」を見出そうとしたのだ。自分の背景を通じて、誰かの人生に役立つこと。これが自分の人生に価値をもたらすことだと、私は感じた。誰かの人生に役立つとは、リーダーシップを発揮するということにほかならない。そのとき、自分は一個人ではなく、世界という大きなものの一部であることに気づいた。

111歳まで生きた祖母のメッセージは、シンプルだった。

「自分に与えられたもので、自分なりのベストを尽くしなさい」

こうして私は「暗い森」から抜け出すことができた。〝リーダーシップの探求〟という自分で決めた私自身の道は、アサーティブなものだったからだ。自分は何者で何をすべきかを知り、私は自分が携わるすべてのことに全力を尽くすと決めた。

そうすると、リーダーシップは自然に生まれてきた。

リーダーシップとは、権力をほしがることではない。人を支配し、思うままに動かしたいという願望でもない。**真のリーダーシップとは、自分の人生を自分でコントロールするために、自分を知り、自分のリーダーになる「勇気」**なのだ。そこから、真のリーダーへの変容が始まる。

リーダーシップについてこう考えるようになった私は、いつのまにかポジティブなエネルギーを発散するようになっていたのだろう。まわりの人が自然についてきてくれるようになり、ハーバード大学、東京大学ではいつしかリーダーの役割になっていた。

＊＊＊

その後、私はスタンフォード大学でリーダーシップを教え始め、10年以上が経過した。ずっとリーダーシップを教えてきた経験から、本書で紹介したアサーティブ・リーダーの素晴らしさと、それを支えるオーセンティック、サーバント、トランスフォーマティブ、そしてクロスボーダーという4つのリーダーシップの効果を実感している。

スタンフォードでリーダーシップを学んだ学生たちは、自分自身の人生と、ほかの多くの人々の人生を変えた。

〝We are the Leaders〟

この言葉は真実だ。私たち全員に、可能性が潜んでいる。あなたにもぜひ、リーダーシップを発揮し、メンバーや部下の可能性を最大限に引き出してほしい。

第一歩は、あなた自身の可能性を引き出すことだ。自分の仕事と生活をより良くすることを、ほかの人々の仕事と生活をより良くすることにつなげよう。それが組織、そして社会貢献につながる働き方となる。

スタンフォードの卒業式では、学長から卒業生全員に、スタンフォードの学位に伴う「権利」「責任」「特権」(rights, responsibility, privilege) が授与される。

伝統ある一流大学を卒業すれば、今後の人生におけるキャリアや人脈構築に役立つ「権利と特権」が得られるが、それには「責任」が伴うという意味だ。

組織の中のリーダーであるあなたにも、**ポジションゆえの「権利と特権」**があるだろう。だがそれは、**チーム一人ひとりをより良く導くという「責任」でもある**ことは忘れずにいてほしい。

＊＊＊

最後になるが、私の研究では、チーム・ビルディングには次の8つの要素が必要だと見ている。

①ビギナーの心

②弱さ（ヴァルナビリティ）を認める勇気
③オーセンティックであること
④他者とのつながり
⑤聞く力
⑥受け入れる力
⑦感謝する習慣
⑧責任

どれも本書で紹介したものばかりだ。ぜひとも本書を活用し、最高のチームを作っていただければ幸いだ。

リーダーであるあなたにも、あなたのチームメンバー一人ひとりにも、アサーティブ・リーダーになってほしい。

そして信じ、誓ってほしい。

あなたには、自分とチームを変える力があることを。

・dentsu, *「電通ダイバーシティ・ラボが『LGBT調査2018』を実施」* http://www.dentsu.co.jp/news/release/2019/0110-009728.html
・Almoamen Abdalla, *「日本と世界の時間感覚のずれ：始業厳守も終業はルーズ」* nippon.com, https://www.nippon.com/ja/column/g00584/
・Damian Joseph, *Susan Lyne, CEO of Gilt Groupe*. FAST COMPANY (03.25.10).
・内閣府男女共同参画局、*男女共同参画白書（概要版）平成30年版*、http://www.gender.go.jp/about_danjo/whitepaper/h30/gaiyou/html/honpen/b1_s02.html
・Kate Vinton, *「米テック業界No1の女性富豪、メグ・ホイットマンが歩んだ人生」* Forbes JAPAN(2017/11/27), https://forbesjapan.com/articles/detail/18660
・Cultural intelligence, https://en.wikipedia.org/wiki/Cultural_intelligence

エピローグ　リーダーの特権と責任
・Stephen Murphy-Shigematsu, *From Mindfulness to Heartfulness*. Berret-Koehler Publishers (2018).

・デボラ・ザック、『SINGLE TASK 一点集中術』ダイヤモンド社 (2017)

3章　Servant Leadership
・Servant Leadership in Japan, http://www.servantleader.jp/about_greenleaf.html
・Dale Carnegie, *How To Win Friends & Influence People*. Simon & Schuster (Reissue edition, 2009).
・Cecilia M. Falbe and Gary Yukl, *Consequences for Managers of Using Single Influence Tactics and Combinations of Tactics*. The Academy of Management Journal 35(3):638-652, August 1992; DOI: 10.2307/256490.
・Janet Fletcher, *Zone of proximal development(ZPD)*. Institute of Educational Assessors - South Australian Certificate of Education (June 2018).

4章　Transformative Leadership
・Op Ed, *Self-Immolation: the voice of Tibetans*. The Stanford Daily (November 5, 2012).
・Jacobs C., Pfaff H., Lehner B., Driller E., Nitzsche A., Stieler-Lorenz B., Wasem J. and Jung J., *The influence of transformational leadership on employee well-being: results from a survey of companies in the information and communication technology sector in Germany*. J Occup Environ Med. 2013 Jul;55(7):772-8.
・Joseph Berger, Bernard P. Cohen and Morris Zelditch Jr., *Status Characteristics and Social Interaction*. American Sociological Review, Vol.37, No.3 (Jun., 1972), pp.241-255.
・Lisa Slattery Rashotte, *Work, Status, and Self-Esteem: A Theory of Selective Self Investment*. Contemporary Sociology, May 1, 2006.
・Stephen Murphy-Shigematsu, *Multicultural Encounters：Case Narratives from a Counseling Practice*. Teachers College Pr (2002).
・Stephan P. Swinnen, Richard A. Schmidt, Diane E. Nicholson and Diane C. Shapiro, *Information feedback for skill acquisition: Instantaneous knowledge of results degrades learning*. Journal of Experimental Psychology Learning Memory and Cognition 16(4):706-716 (July 1990).
・Daniel Goleman, *Working with Emotional Intelligence*. Bantam (2000).
・Robert Alberti and Michael Emmons, *Your Perfect Right: Assertiveness and Equality in Your Life and Relationships* (9th Edition). Impact (2008).
・Ryan Takeshita, 「アメリカ人は原爆投下について多様な教育をしている」The Huffington Post (May 22, 2016).

5章　Cross-Border Leadership
・イヴォン・シュイナード、『新版 社員をサーフィンに行かせよう』ダイヤモンド社 (2017)
・Ryan Bradley, *"The woman driving Patagonia to be(even more)radical"*. Fortune, September 14, 2015.
・クラウディオ・フェサー、『マッキンゼーが教える科学的リーダーシップ』ダイヤモンド社 (2017)
・Xiao, Y. J. and Van Bavel, J.J., *See your friends close and your enemies closer: social identity and identity threat shape the representation of physical distance*. Personality and Social Psychology Bulletin, 2012 Jul;38(7):959-72.

主要参考資料一覧

0章　残酷な集団

・Richard Katz and Stephen Murphy-Shigematsu, *Synergy, Healing and Empowerment: Insights from Cultural Diversity*. Brush Education (2012).

・Sigal G.Barsade, *The Ripple Effect:Emotional Contagion and Its Influence on Group Behavior*. Administrative Science Quarterly,Vol.47,No.4 (Dec.,2002),pp.644-675.

・Paul' t Hart, *Irving L. Janis' Victims of Groupthink*. Political Psychology, Vol.12, No.2 (Jun., 1991), pp.247-278.

・William Samuelson and Richard Zeckhauser, *Status Quo Bias in Decision Making*. Journal of Risk and Uncertainty,1:7-59(1988).

・和田秀樹、*「冷静に大統領を選んだ仏韓、日本とは大違い？」*日経ビジネス、https://business.nikkei.com/atcl/report/16/122600095/051600009/

1章　Assertive Leaderが人を動かす

・Daniel R. Ames and Francis J. Flynn, *What breaks a leader: the curvilinear relation between assertiveness and leadership*. Journal of Personality and Social Psychology, 2007 Feb;92(2):307-24.

・Daniel Ames, Alice Lee and Abbie Wazlawek, *Interpersonal assertiveness: Inside the balancing act*. Social and Personality Psychology Compass, Volume11, Issue6.

・Rashid, T. and Ostermann, R.F., *Strength-based assessment in clinical practice*. Journal of Clinical Psychology, 2009 May;65(5):488-98.

・David F. Larcker, Stephen Miles, Brian Tayan and Michelle E. Gutman, *2013 Executive Coaching Survey*. The Miles Group and Stanford University, August 2013.

・Matthieu Ricard, *Altruism: The Power of Compassion to Change Yourself and the World*. Back Bay Books (2016).

・Rasmus Hougaard, Jacqueline Carter and Louise Chester, *Power Can Corrupt Leaders. Compassion Can Save Them*. Harvard Business Review, February 15, 2018.

2章　Authentic Leadership

・Austin Meyer, *Stanford kicker Jordan Williamson reflects on infamous kick*. Peninsula Press: a project of Stanford_Journalism (May 5, 2015).

・Zach Barnett, *Stanford goes above and beyond to help players succeed*. FootballScoop (October 3, 2013).

・Bill George, *Authentic Leadership*. Jossey-Bass (2004).

・Daniel Coyle, *THE CULTURE CODE*. Bantam (2018).

・ウォルター・アイザックソン、*『ペーパーバック版 スティーブ・ジョブズⅠ・Ⅱ』*講談社 (2012)

・Kyoko Ishizaka, Sandra P. Marshall and Jeffrey M. Conte, *Individual Differences in Attentional Strategies in Multitasking Situations*. Human Performance, Volume 14, 2001-Issue 4.

・Sigmund Freud, *Group Psychology and the Analysis of the Ego*. W W Norton & Co Inc (1975).

・Jeffrey M. Conte, Heather Honig Schwenneker, Angela F. Dew and Donna M. Romano, *Incremental Validity of Time Urgency and Other Type A Subcomponents in Predicting Behavioral and Health Criteria1*. Journal of Applied Social Psychology 31(8): 1727-1748.

スティーヴン・マーフィ重松

スタンフォード大学の心理学者。スタンフォード大学ハートフルネス・ラボ創設者。

日本で生まれ、アメリカで育つ。ハーバード大学大学院で臨床心理学博士号を取得。1994年から、東京大学留学生センター・同大学大学院の教育学研究科助教授として教鞭を執る。

その後、アメリカに再び戻り、スタンフォード大学医学部特任教授を務める。現在は、医学部に新設された「Health and Human Performance」(健康と能力開発プログラム)における「リーダーシップ・イノベーション」という新しいプログラム内で、マインドフルネスやEQ理論を通じて、グローバルスキルや多様性を尊重する能力、リーダーシップを磨くすべなどを様々な学部生に指導している。また、「Global Youth Leadership Program」(国際青少年リーダー育成プログラム)のディレクターも務めている。

学外では、米国政府、日本企業、医療・教育機関などでリーダーシップに関するワークショップや講演を行うほか、ヨーロッパ、アジア各国でも講演活動を行っている。

著書に、『スタンフォード大学 マインドフルネス教室』(講談社)、『多文化間カウンセリングの物語(ナラティブ)』(東京大学出版会)、『アメラジアンの子供たち——知られざるマイノリティ問題』(集英社新書)、『Multicultural Encounters』(Teachers College Press)、『When Half Is Whole』(Stanford University Press)、『From Mindfulness to Heartfulness : Transforming Self and Society with Compassion』(Berrett-Koehler Publishers) などがある。

著者HP https://www.murphyshigematsu.com

スタンフォード式
最高のリーダーシップ

2019年5月 1 日　初版発行
2019年5月20日　第3刷発行

著　者　スティーヴン・マーフィ重松
発行人　植木宣隆
発行所　株式会社サンマーク出版
　　　　東京都新宿区高田馬場2-16-11
　　　　電話　03-5272-3166
印　刷　中央精版印刷株式会社
製　本　株式会社若林製本工場

ISBN978-4-7631-3688-6 C0030
ホームページ　https://www.sunmark.co.jp